VPはVIP

動詞を中心とした英文法

VPは VIP

動詞を中心とした英文法

村上まどか 著

開拓社

献　辞

本書を，私の学会発表：

「幸か不幸か呼応か法か　欧州諸語の動詞移動」
2001 年 11 月，日本英語学会第 19 回大会，東大（駒場）

「文否定辞 *Not* の分析と歴史」
2003 年 5 月，近代英語協会第 20 回記念大会，東京外語大

を聴きに来た父（1934-2024）に捧ぐ

はじめに

　大学受験には「動詞を制する者は英語を制す」というスローガンがあったように記憶しています．英語における動詞の形態と位置を認識し，主語と述語動詞の関係の整合性を確認する思考過程は，英文を読み解いていく上で非常に重要です．

　本書の第 1 章は「品詞」を 10 種類に分類し，それぞれを駆け足で解説し，最後の 1.2.4 節を「動詞」としており，第 2 章の「文」へとつながるプロローグになっています．動詞 (verb) は，文 (sentence) の要なのです．（なお，言語学では一文一文を分析の対象とするので，sentence(s) を「文章」ではなく「文」と訳すことを覚えておきましょう．）

　第 2 章第 1 節は「文型」について記述しています．高校生までに習った 5 文型においても，述語動詞の欠けている文は存在しません．主語名詞の欠けている文は，第 6 章第 1 節の「命令法」にはあります．Run!（走れ！）が一語にして命令「文」であり，主語のない第 1 文型であるということは，動詞がいかに文の要であるかを物語っています．

　第 3 章以降は，複数の助動詞や動詞を組み合わせた動詞句を中心に解説しています．「動詞句」(VP < Verb Phrase) とは，動詞に他の語がくっついたひと塊のことであり，紛らわしいのですが，本書では取り上げていない句動詞 (phrasal verb) とは違います．題名の『VP は VIP』には，動詞句は Very Important Phrase であるという思いが込められています．（VIP は通常，Very Important Person の略です，念のため．）

　第 5 章第 2 節の「助動詞 do」，第 6 章「法」については私の長年の関心事であり，英語の古文まで引き合いに出して，時に専門的すぎることを口走ったかもしれませんが，全編を通じて平易を旨としております．

　本書では，英語動詞の文法範疇としては「時制」を割愛しているのですが，時制の章を設けるよりも，第 7 章の「ING 形と EN 形による修飾」につい

て入念に書きたかったという，私の意向をくみ取っていただければと思います．

　本書における文の容認度に関する記号は 5 段階であり：

*	容認されないダメな文，すなわち非文
?*	完全に非文というほどではないが，おかしい
??	中間の段階で，迷うところ
?	ちょっとおかしいが，たぶんかまわない
無印	何も問題がない，適格な文

これらを文頭に付けています．また，まれに登場する書き方として，(*x) はそこに x を入れてはいけない（あるとダメ），*(x) はそこに x がなければならない（ないとダメ）という意味です．

　それでは皆さん，「はじめに」のおわりに：

"Live as if you were to die tomorrow. Learn as if you were to live forever."

(Mahatma Gandhi (1869–1948))

目 次

第 1 章　品　詞

　類は友を呼ぶ「類友」——**品詞**（part of speech）とは単語（言語学では単に「**語**」（word）と言う）を似たもの同士にグループ分けしたものです．分類するための基準は二つあり，第 1 に分布，第 2 に語形変化です．意味も含めて基準を三つとする Kim and Sells（2008: §2.2）の説もありますが，意味を基準にして品詞を分類するのは実は容易ではなく，例えば love という語は名詞か動詞のどちらかですが「愛」も「愛する」も概念的には非常によく似ており，この語では状態も動作も区別がつかないように思えます（Jespersen（1933: 67））．

　第 1 の分布とは，語が他のどんな語と結びついて存在しているか，語句や文の中での位置関係のことです．それぞれの品詞には「収まりどころ」があるのです．

　第 2 の語形変化とは，規則的には語尾変化，不規則的には語全体にも及ぶ綴りと音形の変化のことです．同じ品詞に属する語は，同じように語形変化をするのです．けれども語形変化をまったくしない品詞もあるので，品詞を分類する基準は，一に分布，二に語形変化という順序になります．

　これから一つ一つ英語の品詞を見ていきますが，その前に品詞を**内容語**（content word）と**機能語**（function word）に大別しておきます．内容語とは，名詞や動詞のように意味が豊かでよく語形変化もする品詞に属する語であり，機能語とは，代名詞や前置詞のように短くて意味の薄い品詞に属する語です（O'Grady and Archibald（2021: 141））．以下では 1.1 節で機能語に相当する品詞，1.2 節で内容語に相当する品詞の順に，概観します．

1.1 機能語

1.1.1 冠詞

英語の冠詞 (article) は a と an と the の三つしかなく，簡単そうに見えます．分布は，不定冠詞 a/an は単数名詞の前，定冠詞 the は単複にかかわらず名詞の前（名詞句の一番前）で使われます．日本語でアイウエオと表される母音の前で an，子音の前では a が用いられ，an は a の語形変化とも言えます．

それでは次の空欄に入るのは a でしょうか，an でしょうか．

(1) a. Anna is (　　) university student.

    b. It takes her (　　) hour to get to school.

注意すべきは，a/an の選択は後続する語の綴りではなく発音にかかっているということです．したがって，(1a) の university /jùːnəvə́ːsəti/ の前では a，(1b) の hour /aʊɚ/ の前では an が正解になります．紛らわしいのはこの点ばかりでなく，冠詞の使い分けは実は相当に難しく，一筋縄ではいきません．英語母語話者の本では Yule (1998) 第 2 章の一読をお薦めしますが，本書では詳細を省き，章末にコラムを設けるに留めます．

1.1.2 前置詞

前置詞 (preposition) も語形変化せず，数が限られた小さな語たちです．場所を示すのによく使われる at, in, on, by 等があります．具体的な場所を示す意味から広がって，時間的な意味や，その他の抽象的な意味も表すことができます．as や of といった抽象的な意味しか持たない前置詞もあります．主な前置詞のポイントを表 1 にまとめておきます．

表1：主要な前置詞の主な意味

	at	in	on
時間	時刻・時間 at night/noon at 13:15	時代・年・季節・月 in the morning 時間内 in an hour/a day	日・特定の日の朝晩 on the evening of 日 維持　Hold on, please.
空間	狭い場所，駅・ 通り・活動場所 従事 at work	広い場所 市町村・県・州・国 in New York City/State	接触・表面・水面，島 a fly on the ceiling He lives on Sado Island.
他	ねらい・まと look at 対象物 shoot at 標的	中・内 believe in 神様，等	依存　depend/rely on ～ 被害の対象 play a joke on 人

	by	for	since
時間	期限・締切 by the end of this month by five o'clock	完了相で継続期間 for two decades for a long time	完了相で「～以来」 since 2004 since my childhood
空間	そば・わき Stand by me. side by side	目的地 This Nozomi is bound for Hakata.	
他	手段　by bus/train by ～ing 受動態の動作主	「～のために」 好み・追求・賛同 look/seek for 探求物	明白な理由 （接続詞として）

【参考】　反対の意味でペアを成す前置詞

up ［上］⇔ down ［下］　　　　　　above ［上］⇔ below ［下］

before ［前］⇔ after ［後］　　　　from ［起点］⇔ to ［終点］

on ［接触］⇔ off ［分離］　　　　　into ［外から中へ］⇔ out of ［中から外へ］

for ［賛成］⇔ against ［反対］　　　with ［存在］⇔ without ［不在］

　前置詞は名詞句の「前に置く」から前置詞と呼ばれます．「〜詞句」とは，品詞に他のものがくっついたひと塊の語句であり，[1]「**句**」(phrase) のことです．例えば，名詞 room に the が付くと名詞句 the room，前置詞 in が名詞句 the room とくっつけば前置詞句 in the room になります．

　ただし，前置詞に名詞句が後続せず，宙ぶらりんに見えることもあります．別のところにある名詞句に意味がつながることが明らかな場合です．以下は，斜字体の名詞句に空所[2] の意味がつながります．

(2)　a.　*What* are you looking at ___ ?

　　　b.　Do you have *chalk* to write with ___ ?

　　　c.　*The idea* (that) I came up with ___ yesterday was junk.

(2a) は wh 疑問文，(2b) は to 不定詞の形容詞的用法，そして (2c) は関係節の空所が，斜字体の先行詞につながる例です．

1.1.3　接続詞

　接続詞 (conjunction) の役割は文と文をつなぐことであり，and, but 等といった等位接続詞と，(al)though, because, if, while 等といった従位（ないし従属）接続詞の 2 種類があります．文頭か，文と文の間のどちらかに位置します．[3] 詳しくは 2.2 節で説明します．

1.1.4　助動詞

　助動詞 (auxiliary verb) は倒置すれば主語の前，通常では主語の後に位置し，現在形と過去形に変化します．法助動詞の can/could, may/might 等，時制を支える助動詞 do，完了の have，進行の be，受け身の be があります．第 5 章で詳細に説明します．

---

[1] 何もくっつかず，たとえ 1 語でも「〜詞句」になり，その場合は「〜詞」なおかつ「〜詞句」となります．例えば (2b) の chalk や (3a) の Betty は，名詞なおかつ名詞句です．

[2] **空所** (gap) とは，文中で何か抜け落ちていると見られる個所のことで，(2) では下線部がそれを示しています．

[3] 逆接の though と however は文末で用いられることもあり，however は区切りのよいところで，文の途中に挿入されることもあります．

1.1.5 代名詞

代名詞 (pronoun) には，人称代名詞，指示代名詞，疑問代名詞，不定代名詞の4種類があります．分布は，名詞ではなく名詞句と同様なので，(3) の斜字体の代名詞は，下線部全体の名詞句を指します．

(3) a. Betty is a university student. It takes *her* an hour to get to school.

b. She has a younger brother. *He* is quite a naughty boy.

c. He has a lot of friends. *They* all like him.

人称代名詞は表2のように語形変化します．英語では男女を表す3人称単数形のみに**文法性** (grammatical gender) が残っています．（ヨーロッパの諸言語では，人間ではない名詞も文法性のある人称代名詞で指示します．）

表2：人称代名詞の形態

	主格	所有格	目的格	独立所有格	再帰代名詞
1人称単数	I	my	me	mine	myself
2人称単数	you	your	you	yours	yourself
3人称単数/男	he	his	him	his	himself
3人称単数/女	she	her	her	hers	herself
3人称単数/物	it	its	it	(its)[4]	itself
1人称複数	we	our	us	ours	ourselves
2人称複数	you	your	you	yours	yourselves
3人称複数	they	their	them	theirs	themselves

---

[4] Huddleston and Pullum (2002: 471) では独立所有格としての its は極めてまれであり，(i) では認められるが，(ii) では認められないとしています．

  (i) *The Guardian* seems to respect its readers more than *the Sun* respects *its*.

  (ii) The Bank is being sued by a rich client of **its*/theirs.

  (iii) The Bank is being sued by one of its rich clients.

なお，この its は時に誤って it's と書かれますが，安井・安井 (2022: 131) が言う通り it's は it is/was/has の縮約形であり，所有格としては正しくありません．

　他の3種の代名詞は，指示代名詞は this/that，それらの複数形 these/those，疑問代名詞は who(m)/whose, what, which という wh で始まる代名詞（他の wh 語である when, where, why, how は疑問副詞として分類），不定代名詞は another/other(s), some/any, all/none, one, such といった語が単独で使われた場合です．

1.1.6 間投詞

　ah, aha, eh, hello, hi, ho, oh, oops, ouch, ugh, uh-huh, uh-uh, um, well, wow, yes, yeah, yep, no, nope 等，会話の随所にはさまれる，感情やあいづちを表す独立した語が**間投詞** (interjection) です．yeah/yep と nope は，それぞれ yes と no の語形変化だということもできるかもしれません．

　以上はどれも短くて小さな，機能語と呼ばれる意味内容の薄い語であり，（助動詞 be と人称代名詞を除いて）語形変化をまったくしないか，語形変化しても変化形が少ない品詞に属しています．しかも「類友」としてのメンバーシップが限られており，どの品詞も新たな語による増減はありません．次の節では，意味が豊かでよく語形変化もする内容語に属す品詞を扱います．

1.2　内容語

1.2.1　形容詞

　形容詞 (adjective) は，英語では名詞の前で修飾語になります．名詞が 〜thing の場合は後ろから修飾します．(4)(5) では斜字体が形容詞です．

> (4) a.　You are *excellent* students. All of you have something *special*.
> 　　b.　This is a *dull* idea. There is nothing *new*.

形容詞が名詞を直接修飾しない場合，5文型 (2.1 節参照) における補語として，名詞句や代名詞の特質を述べます．

> (5) a.　I am *happy* with you. You make me *comfortable*.

b. I thought the movie was *exciting*, but my family didn't find it so *good*.

　語形変化には，比較級と最上級があります．規則変化は，原則として 1 音節の短い形容詞の比較級には -er，最上級には -est を付けます．

	原級	比較級	最上級
(6) a.	great	greater	greatest
b.	happy	happier	happiest［y を i に替える］
c.	hot	hotter	hottest［強い短母音の後で子音を重ねる］
d.	late［時間］	later	latest［読まない e の後は -r，-st だけ］

不規則変化の比較級・最上級は，(7) で網羅されています．

	原級	比較級	最上級
(7) a.	good / well	better	best
b.	bad / ill	worse	worst
c.	many / much	more	most
d.	little［量］	less	least
e.	late［順序］	latter	last
f.	far［距離］	farther	farthest
g.	far［程度］	further	furthest

　他方，2 音節以上の長い形容詞はそれ自体で語形変化せず，比較級は more + 原級，最上級は most + 原級で表します．

	原級	比較級	最上級
(8) a.	beautiful	more beautiful	most beautiful
b.	excellent	more excellent	most excellent

2 音節であるにもかかわらず，語形変化をする形容詞があります．実は (9a-d) と (10c) は例外とは言えず，2 音節目の語尾が y で終わると y を i に替えて規則変化させます．

	原級	比較級	最上級
(9) a.	pretty	prettier	prettiest
b.	lovely	lovelier	loveliest
c.	friendly	friendlier	friendliest
d.	ugly	uglier	ugliest
e.	quiet	quieter	quietest
(10) a.	clever	cleverer	cleverest
b.	inane	inaner	inanest
c.	silly	sillier	silliest
d.	stupid	stupider	stupidest

(9) と (10) は，それぞれ私がひそかに「美醜系」「利口バカ系」と呼んでいる形容詞であり（(9c, e) も麗しい特質と思えば），それらの意味の形容詞が，長めでも語尾変化することが多いと見受けられます．

1.2.2 副詞

「副詞は品詞のごみ溜め」と称されるそうです．[5] 他のすべての品詞を分類し終わった後で，残ったものを副詞 (adverb) としてまとめるとちょうどいいからとのことです（千野栄一氏 (1982) 談）．けれども副詞は形容詞に似ているものもあるので，形容詞の次にここで述べることにします．

(11) a. The sun is shining *bright*.

b. The sun is shining *brightly*.

(11a) の bright は形容詞，(11b) の brightly が副詞です．この bright を副詞とする英和辞典もいくつかありますが，本書では (11a) を 2.1.2 節で説明する第 2 文型 (SVC) と見なして，形容詞とします．[6]

---

[5] しかし滝沢 (2023) によれば，-ly 副詞は豊かな英語表現のための「宝の山」とも言えそうです．

[6] (11a) が第 2 文型だとしても，この bright は山岡 (2010) による「補語指数」が低い（補語らしくない）補語ということになります．綿貫他 (2000: 54) は，この bright を形容詞・副詞のいずれにも分析できるとしています．

　副詞は形容詞に -ly が付いたものが多く,[7] (11b) のように動詞句を修飾します. このような副詞は位置が比較的自由で, (12) も可能です. (11a) の bright を副詞にせず形容詞とする根拠としては, (13) が不適格であることです.

(12) a.　The sun is *brightly* shining.

　　 b.　*Brightly*, the sun is shining.

(13) a.　*The sun is *bright* shining.

　　 b.　**Bright*, the sun is shining.

副詞は, 修飾先の語句も動詞句に限りません. (14a) は because 以下を修飾しており, (14b) は前置詞句を修飾しています.

(14) a.　People are not always happy *simply* <u>because they are rich</u>.

　　 b.　This present is *especially* <u>for you</u>.

実際, 文中での副詞の位置や修飾先の語句はかなり自由です. (15a) は文末から否定辞 n't を修飾していますし, (15b) は後ろから名詞 someone を修飾しています.

(15) a.　I have<u>n't</u> finished the task *yet*.

　　 b.　Ken and I broke up. I'll have to find <u>someone</u> *else*.

　他方, 頻度を表す always, often, hardly, seldom, never 等の副詞は, 「助動詞の後, 本動詞の前」が定位置です.

(16) a.　I *often* <u>go</u> shopping in Harajuku.

　　 b.　She <u>could</u> *hardly* <u>fall</u> asleep even if she wanted to.

否定辞 not も副詞として分析され, 頻度を表す副詞と似た分布をしますが, 決して同じではなく, 詳しくは助動詞 do の 5.2 節で記述します.

---

　[7] 少数ながら名詞に -ly が付いて形容詞になる場合もあります. (9b) lovely, (9c) friendly がその例です.

　様態を表す副詞の語形変化には，比較級と最上級があります．変化の付け方は形容詞の場合と同様で，規則変化では短いと語尾変化，長いと more/most によります．

	原級	比較級	最上級
(17) a.	well	better	best
b.	fast	faster	fastest
c.	early	earlier	earliest
d.	often	oftener/more often	oftenest/most often [oftenest は稀]
e.	urgently	more urgently	most urgently

(17a) は不規則変化，(17b-e) は規則変化していると言えます．

1.2.3　名詞

　英語の**名詞** (noun) は，数えられるか数えられない（可算か不可算）か，数えられるなら単数か複数かという概念が重要です．(18a) のような抽象名詞や，(18b) のような物質名詞は数えられないので，常に単数形で a/an が付きません．

(18) a. *Health* is more precious than *wealth*.

b. *Water* is composed of *hydrogen* and *oxygen*.

数えられる単数名詞が初めて出てくるときには，1.1.1 節で述べたように，母音の前で an，子音の前で a とともに用います．[8] 一度出てきた名詞や，特定された名詞には定冠詞 the が付きます．

(19) a. Once upon a time, there lived an old *man* and *woman* in a rural *village*.

b. They loved living in the *village*, surrounded with the kind *families* who had lived there for a long time, too.

---

[8] 通常 time は抽象名詞として不可算ですが，(19) のような慣用表現や，回数を表す場合に可算名詞となります．

(19b) は (19a) の続きの文ですが，(19a) に出てきた village には (19b)
で the が付いています．では kind families にも the が付いているのはなぜ
でしょうか．関係節 who 以下によってどんな家族か特定されるので the が
付くというわけです．

　語形変化としては，数えられる名詞は複数形になると -s が付きます．た
だし規則変化でも ch, sh, s, x, o で終わる語には -es が付きます．[9] 次の
(20) の文では，下線部が複数形語尾です．

　(20)　In my family, children help wash dishes after meals.

child の複数形 children のような例外もありますが，複数形名詞の例外的形
態については，本書では触れません．

　もう一つの名詞の語尾変化は，-'s による所有格（エス属格とも言う）で
す．(21) が示すように代名詞の所有格か独立所有格と同じ分布になります．

　(21)　a.　Is this Lisa's bag?—No, it is Pat's.
　　　　b.　Is this your bag?—Yes, it is mine.

(22) が示すように s で終わる固有名詞には所有格が 2 通りあり，-'s を付
けても '（アポストロフィ）だけを付けてもよいのですが，-'s を付けるほう
が優勢で発音は -es と同じになります．[10]

　(22)　a.　Chris's opinion is quite different from James's.
　　　　b.　Chris' opinion is quite different from James'.

[9]「スィエイチ，エスエイチ，エスエクスオー」とリズミカルに覚えておくと，動詞の 3
人称単数現在形，略して 3 単現の場合も同様に語形変化し，語尾を同様に発音するので便
利です（佐山恵子氏 (1977) 談）．ただし，hippo, photo, piano といった後半を省略した
語は hippos, photos, pianos と綴ります．

[10] Quirk et al. (1985: 320-321) は，書く場合は (22b) が優勢で発音は (22a, b) とも
/ɪz/ と述べています．ただし s で終わる偉人の属格は，ギリシャ哲学者は Socrates',
Achilles' 等，アポストロフィのみ，聖人も Moses', しかし Jesus', Jesus's はどちらもあ
るとのことです．小林・吉田 (2018: 158) によれば，s で終わる人名はかつてはアポスト
ロフィを付けるだけが標準的で所有格を発音しませんでしたが今では基本的にどんな人名
でも 's を付け，/s/ か /z/ で終わる人名なら所有格は /ɪz/ と発音するそうです．

12

規則変化で s で終わる複数形の普通名詞には，(23) の二つ目の下線部が示すように，'（アポストロフィ）だけが付きます．(23) の所有格の発音は，文意が表している通りです．

(23) "My cousin's children" sounds exactly the same as "my cousins' children."

英語の名詞については，久野・高見 (2004; 2009) が詳細に記しています．

1.2.4 動詞

動詞（verb）は英語の文の要です．次の文は主語を前，目的語を後に従えて，本動詞が文の中心に位置する SVO 構文です．これが英語動詞の基本的な位置です．

(24) a. I *like* dogs.

b. My boyfriend *likes* cats much better.

目的語を取らない動詞も，主語は通常不可欠であり，主語が 3 人称単数（代名詞で he/she/it）だと現在時制では (24b) のように -s（いわゆる 3 単現の -s）が付きます．これが動詞の語形変化の一つです．もう一つの語尾変化は過去時制であり，規則変化は -ed です．このように主語と呼応して時制のある動詞を「**定形**」(finite) と言います．定形とは，主語に一致して「形が定まっている」現在時制か過去時制のことです．不定形とは，主語との一致がない**裸不定詞** (bare infinitive) か **to 不定詞** (*to*-infinitive)，もしくは**現在分詞** (present participle) か**過去分詞** (past participle) のことです．

定形動詞について簡単にまとめると，法助動詞と助動詞 do は必ず定形であり，不定形は存在しません．be 動詞と完了の have とすべての本動詞も，現在時制か過去時制ならば定形です．主語が 3 人称単数以外の本動詞現在時制は，(24a) のように原形と同じ形でも定形であることに注意が必要です．他方，be は表 3 のように比較的豊かに語形変化をするので，定形性に迷うことはありません．

表 3：be 動詞の定形

	現在時制	過去時制	仮定法過去
1 人称単数	am	was	were
2 人称単数	are	were	were
3 人称単数	is	was	were
1/2/3 人称複数	are	were	were

　定形以外の動詞の活用には，現在分詞と過去分詞があります．本書では，現在分詞は**動名詞** (gerund) と一緒にして ING（イングないしアイエヌジー）形と呼ぶことにしましょう．例外がないので覚えやすい語尾変化です．英語圏の子どもたちも真っ先に習得する活用形だということです (O'Grady and Archibald (2021: 332))．

(25) a.　sing－singing, go－going, open－opening

　　 b.　hit－hitting, refer－referring［強勢ある短母音の後で子音を重ねる］

　　 c.　mimic－mimicking, panic－panicking, picnic－picnicking［c の後に k を挿入］

　　 d.　enjoy－enjoying, study－studying［y を i に替えない］

　　 e.　die－dying, lie－lying, (un)tie－(un)tying［-ie は y にする］

　過去分詞は，動詞の 3 変化と呼ばれる「原形─過去形─過去分詞形」のうち 3 番目の語形で，規則的には (26a-e) のように過去形と同じです．不規則変化はいろいろありますが，(26h) のように -en で終わる過去分詞が多くあるので，本書では過去分詞形を EN（エンないしイーエヌ）形と呼ぶことにします．

	原形	過去形	EN 形（過去分詞形）
(26) a.	walk	walked	walked
b.	study	studied	studied［子音後の y を i に替える］
c.	occur	occurred	occurred［強勢ある短母音の後で子音を重ねる］

d.	panic	panicked	panicked［c の後に k を挿入］
e.	lie（嘘をつく）	lied	lied［読まない e の後は d だけ付ける］
f.	lie（横たわる）	lay	lain
g.	lay（横たえる）	laid	laid
h.	eat	ate	eaten
i.	get	got	got(ten)［-en が付くのはアメリカ英語］
j.	swim	swam	swum［母音交替］
k.	put	put	put［変化なし］

　次章以降では，動詞や助動詞，そして ING 形や EN 形を含んだ動詞句を中心に，英文法を解説していきます.

練習問題

1. （1）次の表を，表 2 を見ずに自力で完成させなさい.

	主格	所有格	目的格	独立所有格	再帰代名詞
1 人称単数					
2 人称単数					
3 人称単数/男					
3 人称単数/女					
3 人称単数/物					
1 人称複数					
2 人称複数					
3 人称複数					

　（2）syncretism とは何かを調べ，上の表の中でそれに該当しているのはどれ（とどれ）かを指摘しなさい.

2. 次の表を，本章の (7) を見ずに自力で完成させなさい．

原級	比較級	最上級
good / well		
bad / ill		
many / much		
little〔量〕		
late〔順序〕		
far〔距離〕		
far〔程度〕		

3. 次の英文における定形動詞をすべて○で囲みなさい．

Ellen is one of my best friends. She has been in the hospital for a few days. Unfortunately, she broke her leg in a car accident last week. I am now helping her keep up with school, by bringing my notes from the classes she didn't attend, telling her what's happening in school, and the like. This incident may reinforce our friendship. Her doctor says she will get well soon, and I hope that's true. I can't wait for her to get out of the hospital.

4. (1) 語の品詞を決定する基準を，重要な順に二つ，ついでにもう一つ挙げなさい．
　(2) 次の語の属する品詞は何か．証拠を挙げながら説明して決定しなさい．（もちろん，同一の語形が複数の品詞に所属することもあります．）
　(a)　quietly
　(b)　behind
　(c)　comb
　(d)　dry

```
コラム
```

冠詞は永遠の謎

あるとき学生から，play the piano のように楽器を演奏する場合，なぜ the が付くのかという質問を受けたことがあります．これは「類の限定」による定冠詞です．次のよく似た三つの文は，どれも同じ意味なのですが：

(1) a. The elephant has a long trunk.

    b. An elephant has a long trunk.

    c. Elephants have long trunks.

あえて（1a）を the にこだわって訳出すると，「象<u>というもの</u>は鼻が長い」になります．というわけで：

(2) Martha plays the piano beautifully. [11]

この文の意味は「ピアノというものを美しく弾く」ということになります（久野・高見（2004: 18-26））．

英語の冠詞 a/an と the の違いはよく，日本語の助詞「は」と「が」の違いに似ていると言われます．第1の似ている点は，短くて小さい語であるところが同じであり，どれも1音節という，言語で最小の音形です．

第2に，情報を提示するやり方が似ています．a/an は初出の名詞を新情報として提示し，the は既出の名詞を旧情報として提示するように，「が」は新情報を提示し，「は」は旧情報を提示するという原理があるようです（野田（1996: 109））．（日本語の「は」と「が」の使い分けについては，井上（1981），大野（1999）が読みやすい文献です．）

第3に分布が似ています．次の（3）を，上の（1）と比べてみてください．

(3) a. 海外に行ったこと<u>が</u>ありますか．

    b. 海外に行ったこと<u>は</u>ありますか．

    c. 海外に行ったことありますか．

（3a)「が」でも，（3b)「は」でも，（3c）どちらも使っていないところが，

---

[11] ただし，楽器を奏でるときでも a/an が付くか無冠詞の場合もあると久野・高見（2004: 20-23）は／が解説しています．

(1a) the でも，(1b) a/an でも，(1c) どちらも使わないところと，そっくりではありませんか.

　しかしながら，このように a/an と the，「は」と「が」はどちらを使っていい場合もあるけれど，片方しか使えない場合もあり，後者の場合に間違えて他方を使ってしまうと奇異に響きます. これが第 4 の共通点です. 夜中に変な物音が聞こえたら：

　　(4)　おや，あの音は何だろう.

と言うのであり：

　　(5) *おや，あの音が何だろう.

と言う人は，日本語ができる外国人であって，日本語母語話者ではありません. それではあなたは，もしその外国人から，この場合どうして「が」はダメで，「は」と言わなければいけないんですかと質問されたら，説明することができますか.

　そうです，ここまで似ている第 5 の共通点は，a/an と the の使い分けは，「は」と「が」の使い分けと同様に，使い方をうまく説明できなくて返答に窮してしまうところが同じなのです.

　さらに，固有名詞に the が付くか付かないかという問題も，理屈ではない，説明が付かないところがあります. 川には the Tama River のように the が付くけれど，Lake Sagami のように湖には付きません. The Izu Peninsula のように半島には付くけれど，Sado Island のように島には付きません. たいていの建造物には the が付きますが，Hyde Park や Tokyo Station のように公園や駅名には付きません. これには，湖や島には輪郭があるから the を付けないが，川や半島はそれぞれ海や内陸との境界が定まらないから定冠詞 the で定めてやるという Hewson (1972: 109–110) の説が一理ありそうです. この説は正保 (1996: 99–100) や樋口 (2009: §8.7) に引用され，朝尾 (2019: Ch. 14) が詳解しています.

　他方，不定冠詞 a/an も一筋縄ではいきません. 通常，朝・昼・夕飯は (6) のように無冠詞で用いられますが，(7) のように形容詞が付くと不定冠詞も付いてきます.

　　(6)　I was so busy that I missed lunch today.

(7) a.　I ate *a* light lunch.

　　　b.　We had *a* delicious dinner tonight.

この問題も，到底うまく説明できそうにありません．日本人である私たちは，冠詞はある程度は間違えてもいいことにしてもらって，次の章にすすみましょう．（初出：実践女子大学英文学科ニューズレター *Zephyrus* 第3号 (2006: 4) を改訂)

第 2 章　文

　英語の文型を大別すると，5 文型に分かれます．どの文型においても**動詞** (verb) が中核を成しています．一つずつ例を挙げます：

第 1 文型　SV　　Bees sting.
第 2 文型　SVC　　They can be dangerous.
第 3 文型　SVO　　Worker bees collect honey.
第 4 文型　SVOO　They give their queen bee the honey.
第 5 文型　SVOC　They keep her comfortable.

上記はどれも定形動詞を持つ**定形文** (finite sentence) です．**定形動詞** (finite verb) とは，1.2.4 節で触れたように，現在時制か過去時制に「形が定まっている」動詞 (V < Verb) です．必ず主格の主語 (S < Subject) とともに用いられ，動詞の語尾は主語と呼応した活用形をしています．上の例では，どれも主語の直後の語が定形動詞（ただし can は助動詞）です．けれども主語と定形動詞の間に副詞などがはさまることもあり，疑問文や倒置文では文頭に定形動詞が現れたりするので，注意して定形動詞を見つけなければなりません．

2.1　5 文型

2.1.1　第 1 文型

　主語 (S) と動詞 (V) だけで成立する文が第 1 文型です．目的語を取らずに成立する動詞は**自動詞** (intransitive verb) と呼ばれます．

(1) a. Ants work.

    b. Birds sing.

    c. Cats purr.

    d. Dogs bark.

    e. Eggs hatch.

    f. Flees jump.

副詞句や前置詞句は 5 文型の要素に含めないので，(2) も第 1 文型に分類されます．

(2) a. Ants work very hard.

    b. Birds are singing in my garden.

(2b) のように，第 3 章で説明する動詞の「相」が加わっても文型は変わりません．

2.1.2　第 2 文型

SVC の C とは補語 (C < Complement) であり，第 2 文型では主語の内容を補充するので主格補語と呼ばれます．この文型で用いられる動詞は be 動詞が典型的で，主語と補語を対等に結び付けているので，この be 動詞は **連繋動詞** (copula，コピュラ，繋辞) と呼ばれます．

(3) a. Helen is a student.

    b. She is good at mathematics.

    c. Her hobby is playing tennis.

念のためですが，(3c) の ING 形は動名詞であり，現在進行形ではありません．このように補語には，(3a) 名詞句や，(3b) 形容詞句や，(3c) ING 形が来たりして，どれも主語の内容を説明しています．

  be 動詞以外の動詞では，(4) のように「〜になる」という意味の動詞が，この文型でよく使われます．

(4) a. Irene has *grown* very tall, nearly six feet.

 b. She *turned* twenty last month.

 c. She says she's going to *become* a doctor.

 d. Her parents *got* excited about her plan.

 e. Hopefully, everything *goes* smoothly.

2.1.3　第 3 文型

 SVO の O とは目的語 (O < Object) であり，SVO は英語の典型的な語順です．目的語をとる動詞は**他動詞** (transitive verb) と呼ばれ，第 3 文型を中心に用いられます．

(5) a. Jill wrote all of her Christmas cards today.

  b. She will send them tomorrow.

  c. I should receive one of them in a couple of days.

  d. I don't like writing Christmas cards, unlike her.

目的語に来るのは典型的には (5a-c) のように名詞句か，(5d) のように動名詞ですが，(6) のように to 不定詞の「〜すること」という意味の名詞的用法が目的語になることもあります．

(6) a. Teache*rs* wan*t to elicit questions from students.*

  b. Many Japanese students hesitate *to ask questions in class.*

2.1.4　第 4 文型

 SVOO の第 4 文型は目的語を二つ取るので「二重目的語構文」と呼ばれます．V に近いほうの「〜に」という意味の**間接目的語** (indirect object) と，後に続く「〜を」という意味の**直接目的語** (direct object) があります．この構文は意外に制約が多いので注意が必要です．

 第 1 の制約としては，この文型を取る動詞は原則として 1 音節の短い動詞でなければなりません．(7a)(8a) と同じ意味を表そうとしても，それぞれ (7b)(8b) は使えません．

(7) a. Kate gave the Red Cross some blood.

    b. *Kate donated the Red Cross some blood.

(8) a. The teacher told us the facts of life.

    b. *The teacher explained us the facts of life.

(9) (10) のように第 3 文型（この場合「与格構文」と言う）にすれば，(7b) (8b) もそれぞれ (9b) (10b) として適格な文になります．

(9) a. Kate gave some blood to the Red Cross.

    b. Kate donated some blood to the Red Cross.

(10) a. The teacher told the facts of life to us.

     b. The teacher explained the facts of life to us.

第 2 の制約として，この文型の意味には「物の受け渡し」がなければなりません．そのため，間接目的語には人や生き物が来るのが普通です．たとえ 1 音節の短い動詞でも，(11b) (12b) のように物を受け渡さない意味では，この文型が使えないのです．

(11) a. My mother knitted me a sweater.

     b. *My mother washed me a sweater.

(12) a. Lisa bought her daughter a handkerchief.

     b. *Lisa waved her daughter a handkerchief.

これも (13) (14) のように与格構文にすれば，(11b) (12b) もそれぞれ (13b) (14b) として適格な文になります．

(13) a. My mother knitted a sweater for me.

     b. My mother washed a sweater for me.

(14) a. Lisa bought a handkerchief for her daughter.

     b. Lisa waved a handkerchief to[1] her daughter.

使用する前置詞は，(9) (10) (14b) のように方向を表すならば to，(13)

---

[1] この前置詞は Jacob Schnickel 氏（私信，2023）によれば to よりも at が 'more common' とのことです．

(14a) のように受益を表すならば for になると言われています.

　ただしこの第 2 の制約は, まるで正反対の「物をやらない」意味の動詞とともに用いられることがあります. (15a) は通常通り「時間を与える」意味です (でもやはり自分からも時間が取られます) が, (15b) は,「詳細を省く」意味になっています.

(15)　a.　Can you spare me a few minutes?
　　　b.　Can you spare me the details?

(15b) のような構文は, cost, fine といったお金がかかる意味の動詞とも用いられます.

(16)　a.　That trip cost us a lot of money.
　　　b.　The police fined him 5,000 yen.

少々こじつけになりますが, これらの動詞は「剥奪を受け渡す」と考えるとつじつまが合うように思えます. なお, 不思議なことに, この意味の動詞は (17) のように, 二重目的語を取るにもかかわらず,「前置詞＋間接目的語」を使った与格構文はできません (Yule (1998: 195-196)). (17a) は to us がなければ, (17b) は to him がなければ, それぞれ適格な文になります.

(17)　a.　That trip cost a lot of money (*to us).
　　　b.　The police fined 5000 yen (*to him).

　第 3 の制約として, この文型は (18b) のように間接目的語が代名詞なのはかまいませんが, (19) のように直接目的語が代名詞なのは許容しません.[2]

---

[2] ただし Quirk et al. (1985: 1396) は, (i)-(iii) をイギリス英語 (のみ) で適格としています. (iv) (v) は Larson (1988: 364) の例であり, 間接目的語が弱形ならばアメリカ英語にも許容の余地がありそうです.
　(i)　　She gáve him it.
　(ii)　 She gáve it him.
　(iii)　She gave it hím.
　(iv)　?I sent'im it yesterday.
　(v)　 ?Gimme it.

直接目的語が代名詞ならば，(20) のように前置詞句を伴う与格構文でなければなりません．

(18) a. Mickey sent Minnie an important document.

    b. Mickey sent her an important document.

(19) a. *Mickey sent Minnie *it*.

    b. *Mickey sent her *it*.

(20) a. Mickey sent it to Minnie.

    b. Mickey sent it to her.

この理由は，談話上，代名詞のような既知情報は文中に早く出すという傾向があるためとされています．

　第 4 の制約として，意味的に二重目的語構文は与格構文よりも現実味がなければなりません．(21a) は実際に手紙を受け取れる人や組織が間接目的語ではないので，非文となります（大庭 (2011: 116)，高見 (2003))．

(21) a. *John sent New York a letter.

    b. John sent a letter to New York.

間接目的語は受領者でなければならないのです．次の例にも現実に基づいた意味的な違いが見られます．

(22) a. I knitted our baby this sweater.

    b. I knitted this sweater for our baby.

Larson (1988: 377) によれば，(22a) は実際に赤ちゃんがそのセーターを得て着ることを含意しているので赤ちゃんが存在しなければならず，まだ生まれずに妊娠しているだけでは (22b) しか使うことができないそうです．

　以上のように第 4 文型は，基本文型の一つに数えられる割には自由を制限されている特殊な構文であると言えます．二重目的語構文については，大庭 (2011: Ch. 3) が詳述しています．

2.1.5　第 5 文型

SVOC の C とは，第 2 文型と同様に補語 (C < Complement) ですが，第 2 文型では主格補語であったのに対し，第 5 文型では目的語の内容を補充するので目的格補語と呼ばれます．(23a) 名詞句や，(23b) 形容詞句や，(23c) EN 形が来ることによって，どれも目的語の内容を説明しています．

(23) a. I found Nancy *a skillful nurse.*

　　　b. They consider Oliver *quite dishonest.*

　　　c. We saw a little girl *lost in the woods.*

この文型では，C に動詞の原形が来ることがあります．その場合とは，(24) のように知覚動詞の構文か，(25) のように使役動詞の構文です．

(24) a. I saw a stranger sneak(ing) into the nearby house.

　　　b. I heard my cat purr(ing) on my lap.

　　　c. I felt my dog lick(ing) my arm several times.

(25) a. The teacher had her students write a short essay.

　　　b. The naughty boy made his sister cry.

知覚動詞は (24) のカッコ内で記したように ING 形も裸不定詞の代わりに取れますが，(25) の使役動詞では ING 形が取れません．[3]

2.1.6　第 6, 7, 8 文型

以上が 5 文型の概観ですが，伝統的な 5 文型だけでは，次のように基本的な文をどの文型に入れるべきか，困ってしまいます．

(26) a. My mother is in the garden.　She is there.

　　　b. My father put a vase by the window.　He put it there.

---

[3] 次の文では，使役というよりも状態保持の動詞なので，ING 形が取れます．(ii) は ING 形の代わりに裸不定詞を取ることはできません．

　(i)　I can't have you wasting my money like that.

　(ii)　Sorry, I kept you waiting for a long time.

5 文型では前置詞句が要素に含まれないので，(26) の文に下線部は不可欠にもかかわらず，(26a) は第 1 文型，(26b) は第 3 文型に分類せざるを得ません．そこで前置詞句は，それぞれ二つ目の文中の there のように副詞にもなるので，副詞類（A < Adverbial）という要素を建て，(26a) は SVA の第 6 文型，(26b) は SVOA の第 7 文型としたのが，7 文型です（Quirk et al. (1985: Ch. 10))．こうすると，二重目的語構文を書き換えた (9a) (10a) (13a) (14a) (20) (22b) の与格構文も，第 3 文型ではなく第 7 文型ということになります．

　勝見（2001）が勧めるように 7 文型は英語教育界にかなり浸透していますが，さらに 8 つ目の文型を設けて SVCA の第 8 文型とすることもあります．例えば形容詞が，前置詞句を必須で従える (27a) や，that 節を従える (27b) の場合です．

(27) a.　Peter is fond of Patty.

　　 b.　Peter is afraid that Patty might dislike him.

しかし八木（2007）のように，8 文型も設けることへの反論もあります．

　本書では文型についてはこれだけの記述に留めますが，詳しくは，第 8 文型まで含めて安藤（2005; 2008）が述べています．

2.2　文の接続

2.2.1　等位接続

　1.1.3 節で触れたように，文と文をつなぐのが接続詞です．前後で同等の語か句か**節**（clause，主語と定形動詞が揃った文に相当）をつなぐのが等位接続詞であり，等位接続詞は数が少なく，and, but, or/nor,「というのは」の意の for,「なので」の意の so の 5 つ／6 つだけと思って大丈夫です．(28a) の and は動詞句を接続し，(28b) (29) は or, for, so がそれぞれ文を接続しています．(28a) のように枚挙の場合は，最後のものの前に and が来ます．

(28) a.　After getting up, I make coffee, fix breakfast, eat it up, wash
dishes, *and* then change clothes.

b.　Study hard while you're young, *or* you'll regret it later.

(29) a.　I believe you, *for* you are always honest.

b.　You are always honest, *so* I believe you.

(29) の for や so は, (30) のように独立した文の冒頭に来る場合もありま
す.

(30) a.　I believe you. *For* you are always honest.

b.　You are always honest. *So* I believe you.

ただし英文を書く時の正書法では, (and や but も含めて) 等位接続詞で文
を始めるのは好ましくないとされています.

2.2.2　従位接続

従位接続詞 (ないし従属接続詞) は多くあります. 従位接続詞によって導
かれた節の内容は主文 (ないし主節) を修飾するので, 同等につながれてい
ること (すなわち等位接続) にはなりません.[4]

(31) a.　Ray decided to move out of the town *because* he lost his job
there.

b.　*Because* he lost his job there, Ray decided to move out of the
town.

(32) a.　Utako's family was poor during her childhood *(al)though* they
were noble in origin.

---

[4] 匿名の査読者による指摘で気が付きましたが, that 節を導く従位接続詞 that は主文を
修飾するとは言えません. しかし (i) では主文の中にある目的語 that 節として, (ii) では
名詞句の内容を導く同格の that 節として, 主文より下位にある従属節となります. この
that については, 6.2 節の仮定法原形で再び取り上げます.

(i)　I suspect *that* my husband secretly has a lot of debt.

(ii)　Denis denied the rumor *that* he had won a fortune in the lottery.

b. *(Al)Though* they were noble in origin, Utako's family was poor during her childhood.

(31a) (32a) のように，従属節が主節に後続する場合は従位接続詞の前にカンマは打たず，(31b) (32b) のように従属節が主節の前に来る場合は，節の変わり目でカンマを打ちます．この規則はあまり厳格に守られないのですが，英語の正書法としては覚えておきましょう．

(31a, b) と (32a, b) はそれぞれ同じ意味内容であり，(31b) (32b) では従位節内の代名詞は，主節に出てくる固有名詞を先取りして指すことができます．さらに，従属節の代名詞主語が主節主語と同一人物を指すならば，従属節内の「代名詞主語＋定形 be 動詞」を省略することができます．

(33) a. Steve studied hard when (he was) young. That's why he is successful now.

b. You have to fasten your seatbelt while (you are) driving.

なお，従属節を主文に接続させずに独立させて用いることはできません．等位接続では，(30) のように接続詞から始まる文を独立させることができますが，従属節の場合はできません．because で書き始めて従属節だけでピリオドを打ってしまう人がよくいるので，注意が必要です．why で始まる疑問文の答えに限って，because 節だけの文を成立させることができるのです．

(34) Why did that couple break up?—*Because* both of them flirted with other people.

この用法以外では because で文を始めなければ，英作文で間違えずに済みます．

2.2.3 条件節における現在時制

本書では**時制** (tense) の章を割愛しているので，ここで条件を表す従属節における現在時制について述べておきます．if, when, unless で始まる条

件の従属節では，その条件が生じる時間が実際には未来でも，will は用い
ずに単純現在時制を用いて条件を表します．(35a, c) の (*will) は will を
そこに入れてはいけないという意味です．

> (35)　a.　When you (*will) come home safely, please let me know.
>
> 　　　b.　If it rains tomorrow, let's not go out.
>
> 　　　b′.*If it will rain tomorrow, let's not go out.
>
> 　　　c.　Unless you (*will) come to the party, the host will be disap-
> 　　　　　pointed.

これらの例文の場合，条件節が示しているのは単なる命題[5]であり，法助動
詞が醸し出すニュアンス（will ならば主語の意志）とは無関係に条件を示し
ているというわけです．しかも，主節の事態が生じるのは未来の時間ですか
ら，条件節の時間もそこに集約されることになります．吉良 (2018: 18) に
よれば，「時の副詞節の場合は，事態の生起時間を設定することだけがその
役割であり，そこには仮定の概念（事が起こる「見込み」）を入り込ませる必
要性がないため」will は用いられないと考えられています．
　以上，基本的な文型と，文と文の接続について述べてきました．第 3 章
からは，本書の主眼である動詞や動詞句について解説していきます．

練習問題

1.　第 1 文型から第 5 文型までの例文を，何も見ないで 1 文ずつ自作し，
　　それぞれの文の S，V，O，C の要素はどれか指摘しなさい．

---

[5] **命題** (proposition) とは，論理学や数学で，真 (true) か偽 (false) かの判断を求められ
る文のことです．

2. 次の英文の S, V, O, C の要素を（従位節も含めて）指摘し，和訳しなさい.

(a)　This room needs cleaning.

(a′)　This room needs to be cleaned.

(b)　I fix myself supper every day.

(b′)　I fix supper myself every day.

(c)　Her hobby is playing the violin.

(c′)　She is playing the violin.

(d)　They remained seated when the earthquake occurred.

(e)　They wanted to go home as soon as possible.

(f)　Santa Claus gives gifts to children while they are sound asleep on Christmas Eve.

(f′)　Santa Claus gives children gifts while they are sound asleep on Christmas Eve.

(g)　We saw those burglars breaking into the jewelry shop.[6]

(g′)　We saw them breaking into the jewelry shop.

3. 指定された文型で英作文しなさい.

(a)　人はみな死ぬ．［第 1 文型と第 2 文型］

(b)　夏は冷えたビールがおいしい．［第 2 文型］

(c)　私は最近太ってきている．［第 2 文型と第 3 文型］

(d)　私の娘は昆虫が怖い．［第 2 文型と第 3 文型］

(e)　お醤油を取ってくれませんか．［第 3 文型と第 4 文型］

(f)　同僚たちは彼女に花かごを送りました．［第 3 文型と第 4 文型］

(g)　雨の音が聞こえる．［第 3 文型と第 5 文型］

---

[6] 関田（2021）は，解釈の違いによって (g) には 2 通りの文型がありうるとしています．ただし優位な解釈は (g′) と同じであり，代名詞には修飾語句が付かないので（大ヒント），(g′) には一つの解釈，一つの文型しか認められません．

(h)　私はチャールズのパーティで，チェコビールは苦すぎるとわかった．
　　［第 5 文型］

(i)　彼女は今，日野キャンパスにいます．　［第 6 文型］

(j)　彼女はその盆栽の鉢をベランダに置いた．　［第 7 文型］

(k)　最近の若者はテレビを見ることがあまり好きではない．　［第 3 文型と
　　第 8 文型］

第3章　相

　英語は定形動詞の形態によって，**時制** (tense) は 2 種類，**法** (mood) は 3 種類に分類することができます．下記の時制の形態は一般動詞の場合であり，be 動詞の場合は独自に活用します（13 頁の表 3 を参照）.

$$
\text{時制}\begin{cases}\text{現在時制：原形か -(e)s}\\ \text{過去時制：-ed}\end{cases}\qquad \text{法}\begin{cases}\text{直説法：仮定法・命令法ではない定形}\\ \text{仮定法：過去形か原形}\\ \text{命令法：原形}\end{cases}
$$

未来時制はないのかと思うかもしれませんが，実は形態論的には，英語には未来時制はないと多くの研究者が主張しています（一例は，宗宮他 (2018: Ch. 1)）．もちろん will や be going to のように，未来を表す表現はあるのですが，過去時制形態素の -ed のように，動詞自体に付着する「未来時制形態素」はないからです.

　法については，直説法と仮定法過去・過去完了は明らかに定形ですが，英語の仮定法原形と命令法は，定形性に疑問ある部分もあります (Murakami (1992: Ch.2)，野村 (2020: 104-105))．本書ではヨーロッパ諸言語の伝統に則って，いずれかの法に属する動詞は定形としておきます (Murakami (2011a, b; 2013)，野村 (2023a: 22-23)).

　次に定形動詞に限らず，複数の動詞を組み合わせた場合の分類方法です．これには**相** (aspect) と**態** (voice) があり，それぞれ 2 種類に分類されます.

$$
\text{相}\begin{cases}\text{進行相：be + ING 形}\\ \text{完了相：have + EN 形}\end{cases}\qquad \text{態}\begin{cases}\text{能動態：受け身の EN 形がない}\\ \text{受動態：be + EN 形}\end{cases}
$$

第 2 章で述べましたが，本書では専門用語を極力使わない方針なので，現在分詞を ING 形，過去分詞を EN 形と呼ぶことにします．

3.1　進行相

相は，時制と同様に，時間の概念に深く関わっています．**進行相**（progressive aspect）と**完了相**（perfective aspect）について，まずは簡単に一例ずつ挙げます．

(1) a.　Andy is playing the piano (now). (弾いている真っ最中)

　　b.　He has (just) played Mozart's Turkish march. (ちょうど弾き終えた)

では本節で (1a) の進行相，3.2 節で (1b) の完了相，3.3 節ではそれらが合体した完了進行相について見ていきましょう．

3.1.1　現在進行相

「be 動詞の現在形＋ING 形」で，今現在，ある動作をやっていると意味します．

(2) a.　Beth is playing the flute now.

　　b.　I'm listening to her with my eyes closed.

(2a) の「弾いている」も (2b) の「聴いている」も，主語の人が今，意識的に行っていることであり，下に図示すると，現在を含めて過去の起点（棒の左端）から未来の終点（棒の右端）に動作が継続しています．

動作はずっと続いているのではなく，断続的でもかまいません．

(3) a.　Cathy is taking piano lessons.

    b.   Her family is always complaining about her lack of skill.

(3) の例を図示すると，動作は棒状に持続するのではなく，現在をまたいで切れ切れに続きます．

したがって，(3b) の always は誇張表現であり，話し手の批判的な感情が込められています．

　なお，次のように be 動詞も進行相にすることができます．

  (4) a.   My mother-in-law is being kind to me.

        b.   My sons are being good boys.

be 動詞の進行相は一時的な状態を表し，「いつになく」といういぶかしむニュアンスが含まれています．

　3.1.1 節の最後に，未来用法の現在進行相の説明をしておきます．この用法は，吉良 (2018: 135) によれば，「個人的な計画」を表し，「事態実現につながる状況が現に進行中であり，発話時においてすでに事態実現のための約束・手配が整っている」（下線は吉良氏）ということです．

  (5) a.   They are getting married next month.

        b.   The family next-door is moving out this coming spring.

  (6) a.   I'm meeting my boyfriend tonight. He reserved a nice restaurant.

        b.   I'm leaving the day after tomorrow. I have my flight ticket.

(5) は準備をしているのが明らかな典型的な例であり，(6) は状況説明が付加されています．(6b) のように発着を表す場合にも未来用法の進行相はよく用いられます．

3.1.2　過去進行相

「be 動詞の過去形＋ING 形」で，過去の一時期，ある動作をやっていたことを意味します．現在進行相の「現在」が，過去進行相では「過去」の時点に移動します．動作は図のように，線状に持続することも，切れ切れのこともあります．

(7) a. Deborah was swimming this afternoon, so she is tired now.

　　b. Emily was studying math when her mother came home.

　　c. Fred was playing soccer when he was young.[1]

過去進行相では，(7b, c) のように過去形の when 節に伴われる場合もよくあります．(7a, b) は持続的，(7c) は断続的な動作を表しています．

　本節の最後に，進行相は単純現在時制に比べて一時性が高いので，談話的にはその一時性を活かした丁寧な表現として進行相が使われることを指摘しておきます．次は Leech (2004: 30) による例文であり，丁寧度は (8a) から (9b) にかけて上がります．

(8) a. I hope you'll give us some advice.

　　b. I'm hoping you'll give us some advice.

(9) a. I just wondered if you could give us some advice.

　　b. I was just wondering if you could give us some advice.

(8a) は聞き手が強要される感が否めないが，(8b) はいわゆる「ダメ元」で頼まれていて断る余地があるとのことです．(9) の過去時制は第 6 章の冒頭で述べるように遠慮を感じさせる丁寧さがあり，(9b) は自分の思いは一時

---

[1] Jacob Schnickel 氏 (私信，2023) によれば，単純過去時制 (i) が通常用いられるとのことです．(7b) の母親の帰宅とは違って，若い時代は一時点ではないからかもしれません．

　(i)　Fred played soccer when he was young.

的にすぎないことを進行相で示すことによってさらに丁寧になります.

3.2 完了相

3.2.1 現在完了相

「助動詞 have の現在形＋EN 形」で，過去に始まった動作・状態だけれど
も，現在にも影響が及んでいるという意味を表します．次の 2 文を比べて
みましょう.

  (10) a. Greg went to Australia last year.

       b. Henry has gone to Australia.

(10) の文は，過去形と現在完了形で意味の違いが顕著な例です．(10a) は
現在の状況とは無関係に，「昨年オーストラリアに行った」という事実だけ
を表しますが，(10b) は，「オーストラリアに行ってしまって今はいない」
という意味になります．なお，last year のように明らかな過去を指す時間
的副詞句と現在完了形は共起できません．これも現在完了相は動作や状態が
今現在に影響を及ぼしていることが重要だからであると考えられます.

  ではもう一組の過去形と現在完了形の対を見てみましょう.

  (11) a. Did you see the Monet exhibition?

       b. Have you seen the Monet exhibition (yet)?

通常，過去形に基づいて (11a) はすでにモネ展が終了しており，現在完了
の (11b) は現在も開催中であるという解釈 (Leech (1969: 156), 瀬田 (1997:
53)) がなされます．が，実際にはそこまで厳格ではなく，アメリカ英語で
は (11b) の代わりに (11a) が多用されることを考えると，この二つの文の
違いはますます微妙であり (吉良 (2018: 213))，(11) は (10) ほど過去時制
と現在完了相の違いが顕著ではないと言えます.

現在完了相の意味用法は，継続・経験・結果[2] の三つに分類されます．
（ちなみに (10b) (11b) は結果の意味です．）一つ目の継続の用法は，現在
まで状態が続いているという意味を表しています．

(12) a. *How long* have you lived in this house?

b. We have lived here *for* 15 years.

c. Ten years have passed *since* I inherited this house.

継続用法は，(12a, b) のように how long,「for＋期間」や，(12c) since「〜
以来」といった期間を表す語句とともに多用されます．図示すると次のよう
になり，矢印の先が現在にも及んでいます．

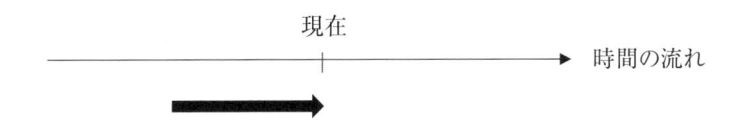

二つ目の経験の意味用法は，現在までに体験したことがあるか，あるなら
何回か，といった意味を表します．

(13) a. *How many times* have you been to Hawaii?

b. Unfortunately I've *never* been to Hawaii.

c. I've been to Hawaii *more than ten times*.

(13a, c) のように回数を表す語句や，(13b) のように never/ever のような
副詞とともに使われ，次のページに図示すると現在までに回数分の断続的な
経験が生じていることになります．

---

[2] 完了相の結果用法は一般の文法書では完了用法と呼ばれます（牧（監修）(2020)）．大
西・マクベイ (2018: 49) は完了・継続・経験・結果の4用法を提示しています．しかし
「完了相の完了用法」と言うのは用語の繰り返しにすぎません．4用法のうち完了と結果を
統合し，結果用法あるいは完結用法とする瀬田 (1997: 52-54) が妥当であると思われます．
なお，専門書では Leech (1987; 2004: 36-42) を参考に6種類に上る用法を掲げる吉良
(2018: 214-216) もあれば，現在完了相の意味は一つであり，文脈によって異なる解釈を
用法として分類する必要はないという古典的主張 (Bolinger (1977: 19)) もあります．

38

最後に，三つ目の結果の意味用法は，過去に起きたことが，今もそうである状態を表しています．

(14) a.　Have you finished your homework *yet*?—No, not *yet*.

　　 b.　I've *just* finished my homework.

　　 c.　Henry has gone to Australia. （=(10b)）

　　 d.　I have heard about Ian's illness.　How is he now?

(14b) は「ちょうど終わらせた」ので，今も終わらせている状態ですし，(14c) は「行ってしまって今はいない」という意味です．(14a) のようにyet や，(14b) のように just といった副詞とよく共起します．私は中学時代に (14d) を「聞いたことがある」と誤って訳したことがありますが，回数を問題にする経験ではなく，「聞いていた（だから今，知っている）」という結果の意味が正解になります．[3] 次の図では，過去の出来事を現在へ引きずっている状態を細い矢印で表してみました．

3.2.2　過去完了相

　過去完了相は「助動詞 had＋EN 形」という形式を持ち，「過去の過去」ないしは「大過去」とも呼ばれ，ある過去の参照点よりも前の時間帯に言及し

---

[3]　しかし当時の私はその失点を受け入れましたが，(i) が適格ならば，(ii) も適格なはずです．

　　(i)　 I have seen the Grand Canyon three times.［経験］

　　(ii)　I have heard about Ian's illness three times.［経験］

また，野村忠央氏（私信，2024）によれば，(iii) (iv) のどちらも可能とのことです．

　　(iii)　I have lived in Chicago twice.［経験］

　　(iv)　I have lived in Chicago for ten years.［継続］

ています. 現在完了相では終点が現在の時点だったのが, 過去完了相では終点が過去の一時点となり, それ以前に始まった動作・状態がその時点まで影響を及ぼしているという意味になります.

(15) a. How long had you lived abroad *before* you came back to Japan?

　　 b. I can't remember how often I (had) visited my grandparents' in my childhood.

　　 c. Jim had already left *when* I reached his office.

(15a) は継続, (15b) は経験, (15c) は結果の意味となり, (15a, c) の before 節や when 節のように過去の終点を表す語句を伴う場合も多くあります. 過去完了相の継続・経験・結果をまとめて図示すると, 次のようになります.

3.2.3　未来完了相

本章の冒頭では英語に未来時制はないという定説を述べましたが, この構文における will はかなり純粋に時間的な未来を表しています.[4] 未来完了相は発話の時点から見て, 未来のある時点に, 動作や状態が完了しているという意味になります (田中他 (2018: 70-71)).

(16) a. We will have been married for 50 years *next* June.

　　 b. After *tomorrow*'s race, I will have completed the Honolulu Marathon three times.

---

[4] 英語に未来時制を認めない理由は簡単だが, しかし ... という論調には, 安井 (2008: Ch. 6) があります.

    c. I will have washed your car by *the time* you come home.

（16a）は継続，（16b）は経験，（16c）は結果の意味となり，（16a, b）の next/tomorrow を含む句や（16c）の the time 節のように未来の参照時点を表す語句を伴う場合も多くあります．未来完了相の継続・経験・結果をまとめて図示すると，次のようになります．

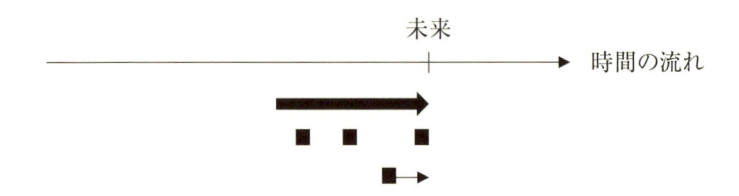

3.3　完了進行相

　完了相と進行相は共起が可能で，組み合わせて使うことができます．現在完了進行相なら「助動詞 have の現在形＋been＋ING 形」，過去完了進行相なら「助動詞 had＋been＋ING 形」という動詞句になります．足し算のように示すと次になります．

	完了相	have＋EN 形
＋	進行相	be＋ING 形
	完了進行相	have　been＋ING 形

このように動詞句が組み合わさる現象を中島（2022）は「接ぎ木」と称しました．4.3 節と，5.1 節の冒頭で，この現象をさらに説明します．

　単純な完了相は状態の継続を表すのに対して，完了進行相は「（ある動作が）ずっと〜している／してきた」という動作の継続を表します．次の例を見てみましょう．

（17） a. I have lived in this city for ten years.

       b. I have been living in this city for ten years.

(17a, b) の意味に大差はないのですが，強いて言えば (17a) は「住んでき
た」，(17b) は「生活してきた」という状態と動作の違いです。[5]

　動作動詞は単純完了相では継続ではなく経験や結果を表すことになるの
で，継続を表すには完了進行相にする必要があります．瀬田 (1997: 62) の
例を挙げると：

(18) a. I've cleaned these windows. 　(= I've finished them.)

　　 b. I've been cleaning these windows. 　(= I haven't finished them.)

このように (18a) は完了した結果であり，(18b) はまだ成し遂げずに継続
中という意味になります．

　完了進行相の継続は，単純な進行相と同様に，切れ切れの継続のこともあ
ります．

(19) a. Ellen has been playing the violin for two hours now.

　　 b. Ellen has been playing the violin for ten years.

(19a) は持続的，(19b) は断続的な動作が続いていた意味になります．図示
すると上が (19a) で演奏開始は 2 時間前，下が (19b) で演奏開始は 10 年
前です．

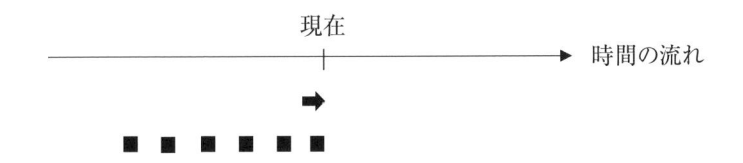

　上述の現在完了進行相は現在までの動作の継続を表すのに対し，(20) の
過去完了進行相は過去のある時点まで動作が続いていたことを表します．

(20) a. The baby had been taking a nap when the phone rang.

　　 b. My father had been teaching English until he retired.

---

[5] (17a) はこれから引っ越す，(17b) は今後も住み続けるというニュアンスもあるが，こ
れも微妙なところだと野村忠央氏 (私信, 2023) は指摘しています．

(20a) は持続的，(20b) は断続的な動作が続いていた意味になります．一緒に図示すると上が (20a) で昼寝終了は電話が鳴った時，下が (20b) で退職は過去の時点です．

　以上，本章では進行相の基本的な用法と，完了相の 3 用法，及び 2 種類の相を結合した完了進行相について述べてきました．

練習問題

1.　次の完了相の文を和訳し，それぞれ継続・経験・結果のどの用法か指摘しなさい．

(a)　I had been sleeping until my dog came in to get me up.

(b)　I read his message on the train: Just arrived at the station.

(c)　The couple hadn't yet broken up when I saw them last time.

(d)　I have read this academic paper several times, but I still can't figure it out.

(e)　I've been to paradise, but I've never been to me. [邦題「愛は陽炎のように」の歌詞]

2.　次の会話は，かつての同僚 R 氏と私の間で実際に交わされたものです．後の設問に答えなさい．

R:　Are you related to Murakami Haruki?

M:　I wish I were, but Murakami is just a common surname.

R:　I'm related to O. Henry.

M: Oh, interesting.

R: Second cousin.

M: What was his real name?

R: Porter.[6]

M: (a)<u>Have you ever met him?</u>

R: (b)<u>He (had) died[7] long before I was born.</u>

M: Oh yeah, … but doesn't the second cousin mean you are in the same generation?[8]

(a) 下線部 (a) と，Have you ever seen him? との違いを述べなさい．

(b) 下線部 (b) での出来事の時間的関係を，時間軸を用いて図示しなさい．

(c) second cousin とはどのような親族関係か調べなさい．

3. 英作文しなさい．

(a) 元彼にばったり会った時，私は今彼とデートをしていた．

(b) 彼女は数人の友人を家に招いたので，今せっせと料理をしている．

(c) 私はアメリカがこれまでに見た最も偉大な芸術家だ．［ウォーホル[9] 役の舞台台詞］

(d) 彼女は目に涙を浮かべて，周囲を飛び交うカモメを見つめていた．

(e) 私が病院に到着した時，祖母はすでにこと切れていた．

---

[6] Porter, William Sydney (1862-1910) はアメリカの短編作家，筆名 O. Henry. 代表作 "The Last Leaf" "The Gift of the Magi".

[7] 前後関係が明らかな場合, 口語では過去完了の had がよく省略されます (39 頁の (15b) も参照)．あるいは R 氏は縮約形の he'd を使っていたかもしれません．

[8] 私の発言のママですが，'doesn't being second cousins mean …?' と言えたら完璧でした．

[9] Warhol, Andy (1928-1987) はアメリカのポップアーティスト，本名 Andrew Warhola. 代表作 "Shot Marilyns" "Campbell's Soup Cans".

日本語の「テイル」に惑わされない

日本語では次の文は適格であり，何も悪いところはありません．

(1) a. ヒロシの家は丘の上に建っている．
   b. 私は彼をよく知っている．

ところがこれらの文を英訳すると，(2) は不適格であり，(3) のように単純現在形にしなければなりません．

(2) a. *Hiroshi's house is standing on the hill.
   b. *I am knowing him very well.
(3) a. Hiroshi's house stands on the hill.
   b. I know him very well.

これはなぜでしょうか．(1) の「テイル」は何かの動作の進行形ではなく，(4) の「結婚している」「死んでいる」「生きている」と同様に静止した状態を表しているからです．

(4) a. Hilary is married.
   b. Latin is dead, but Greek is alive.

状態動詞は英語の進行相で用いられず，さらに例を挙げると (5) は不適格で，(6) のようにしなければなりません．(6a) は「似ている」，(6b) は「所属していた」と訳されますが，(5a, b) にはなりません．

(5) a. *My cousin is resembling my mother.
   b. *The boys were belonging to the chorus club in their high school days.
   c. *This soup is tasting too salty.
(6) a. My cousin resembles my mother.
   b. The boys belonged to the chorus club in their high school days.
   c. This soup tastes too salty.

　この事象の理由を大西・マクベイ (2018: 64-87) は，進行形のイメージは「躍動感」であり，すべての ING 形は「躍動する」からだと唱えていま

す．テレビでは，大西先生が擬態語を使って「ワシャワシャワシャワシャ」しているのが ING 形だと言っていたのが思い起こされます（大西（2006））．ある動作を「やってるやってる」という感じなのです．したがって，動作動詞ならばみな進行相として用いることができ，和訳も「テイル」になります．(6c) の状態動詞も，他動詞としては「味見をする」動作動詞であり，(7c) も含めて (7) は適格になります．

(7) a. It is snowing very hard.
　　b. Linda is writing a term paper now.
　　c. Father is tasting the soup before he serves it to his family.

ここで注意すべき点は，たとえ状態動詞でも動作的に用いられるなら進行相になる場合があることです．

(8) a. Hiroshi's house stands on the hill. (= (3a))
　　b. *Hiroshi's house is standing on the hill. (= (2a))
　　c. Hiroshi was standing in front of his house.
(9) a. We have two children.
　　b. *We're having two children.
　　c. We're having a good time now.
(10) a. Mother loves her little white dog.
　　b. *Mother is loving her little white dog.
　　c. I'm loving it. [McDonald's の往年のコピー "i'm lovin' it"]

島野（2020: 64-65）は Quirk et al. (1985) に基づいて，「進行相で表された事象は『進行中で動的』『一時性』『未完了』のいずれかの要素を持っている」と主張しています．それによれば (8c) は一時的・未完了，(9c) は動的な上に now という副詞も相俟って一時性が強いため，状態動詞が進行相で用いられていると言えます．

しかしながら (10c) はかなり無理やり状態動詞を動作的に用いており，久野・高見（2013: Ch. 7）は，(10c) が「食べるたびにおいしい」「何度食べてもおいしい」という意味になる過程を解説しています．しかしそのように反復を表す解釈は，原則としては瞬間動詞（cough, knock 等）の進行形に限られるので，やはり無理がありそうです（野村美由紀氏，私信，2024）．

一方，宗宮他（2018: 72-73）は，「広告のキャッチコピーということで，

あえて文法違反をした」「話しことばそのものを文字の上で視覚的に再現した，ロゴのようなもの」と述べています．

　広告コピー風に訳すとしたら「好きすぎ！」ぐらいになるでしょうか．子どもがハンバーガーをほおばりながら "Yummy, yummy!" と言っているような，臨場感のある光景が浮かんできますね．

第 4 章　態

2.1 節で解説した 5 文型の中でも，第 3 文型 SVO は英語という言語が大いに好む文型です．例えば compose という動詞があれば，作る人と作られる物があるので，それぞれを主語 (S) と目的語 (O) にとり，次のような文が出来ます．

(1)　Mozart　　composed　　the greatest Ave Verum Corpus.
　　　S（スル人）　V　　　　　　　　　　O（サレル物）

このように目的語をとる動詞は他動詞と呼ばれ，主語は目的語に影響を及ぼすので，主語はたいてい人（スル人），目的語はたいてい物（サレル物／人）になります．動詞を挟んで SVO が通常の語順である能動態ですが，**受動態** (passive voice) では動詞句の部分が「be＋EN 形」に変形します．

態 $\begin{cases} 能動態：受け身の意の EN 形が現れない \\ 受動態：be＋EN 形 \end{cases}$

これが能動態から受動態への根本的変化ですが，次節から受動態における特質を述べていきます．

4.1　受動態への変形

4.1.1　他動詞の目的語は受動態の主語に

(1) の文を受動態にすると，能動態の目的語だったサレル物が主語として文頭に出ます．そして be 動詞は主語に一致して時制を備えた定形動詞にな

ります．さらに，能動態の主語だったスル人は，EN 形の後に by が率いる前置詞句内で示されます．

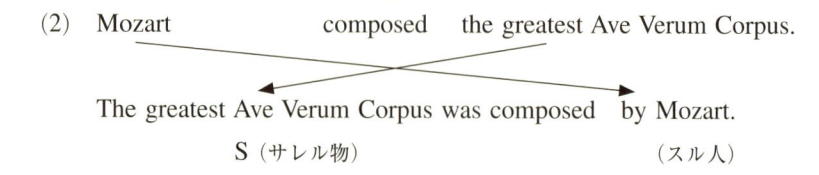

(2)　Mozart　　　　composed　the greatest Ave Verum Corpus.

The greatest Ave Verum Corpus was composed　by Mozart.
　　　　S（サレル物）　　　　　　　　　　　　　　（スル人）

これが典型的な**受動化**（passivization）と呼ばれる変形です．受動態の主語は良くも悪くも受け身であり，被害を受けたり，逆に持ち上げられたり，「〜される，〜られる」の意味を受けることになります．

(3)　a.　That politician was criticized by many people.

　　 b.　The boys were injured in a traffic accident.

　　 c.　The winner was praised in front of the audience.

　　 d.　Jissen Girls' School was founded in 1899 by Shimoda Utako.

(3b, c) のように「by＋名詞句」がない受け身の文も多くあります．実はスル人／シタ人を明言したくない場合に，「by＋名詞句」を伴わずによく使われるのが受動態なのです．

　5 文型でいえば第 3，4，5 文型が，目的語を伴う他動詞を用います．(2) が第 3 文型の受動化でしたが，次に第 5 文型，第 4 文型の順に受動態の作り方を述べていきます．

(4)　My family　always　made　me　happy.
　　　S（スル人）　　　　　　V　　O（サレル人）　C

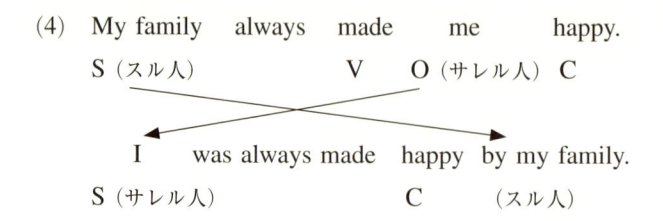

　　　I　was always made　happy by my family.
　　　S（サレル人）　　　　　C　　　（スル人）

頻度を表す always, often, not, never 等といった副詞は，「助動詞の後，本動詞の前」という固定的な位置に現れ，補語（C）の形容詞は，EN 形の後に残ります．

　それでは，もし C が裸不定詞の場合，受け身にするとどうなるでしょう
か．

(5) a.　My family always made me feel happy.

　　 b.　I was always made *to* feel happy by my family.

　　 b′. *I was always made feel happy by my family.

なぜか裸不定詞が to 不定詞に替わります．次の 2 文を比べてみましょう．

(6) a.　The toddler watched the old father cross the street.

　　 b.　The toddler watched the old father crossing the street.

(6a, b) の受け身はそれぞれ，下の (7a, b) になります．

(7) a.　The old father was watched *to* cross the street (by the toddler).

　　 a′. *The old father was watched cross the street (by the toddler).

　　 b.　The old father was watched crossing the street (by the toddler).

(5) (7) の受動態では不定詞は裸ではいけない，to がなければならないのは
かなり不思議な現象です．[1] なお，この構文で，補語が不定詞だと始めから
終わりまで全行程を見ていた，ING 形だと一部を見ていたという説はあま
り厳密ではなく，(6a) (7a) は，動作の最後の部分を見届けた[2] というほう
が，妥当に思われます（吉良文孝氏 (2022) 談）．

---

　[1] Muraoka (2023) は，近代英語まで (i) (ii) のどちらも用いられたが，(ii) は (i) より
も暴力的な表現になるため，後期近代英語では使用頻度が減少し，現代英語では (i) しか
残らなくなったと論じています．
　(i)　Peter was made to go.
　(ii)　*Peter was made go.
この意味の違いがあるとすると，（使役でなく）知覚動詞の場合も受け身は多少の被害が感
じられ，裸不定詞では被害者意識が強すぎるゆえ，歴史的に文法化して無意味となった to
（保坂 (2014: Ch.10)）が挿入されるようになったのかもしれません．
　[2] 要するに ING 形は「潜在的に非完結」を表す (Quirk et al. (1985: 238)) のですが，
裸不定詞には「完結」の読みしかありません．したがって次の例に見るように，裸不定詞の
補語の後には but 節を後続することはできないのです．
　(i)　I saw John {*entering*/**enter*} the room, but I don't know whether he actually
　　　got inside. 　　　　　　　　　　　　　　　　　　　　　　　（柏野 (2012: 408)）

次に第4文型は二重目的語構文ですから，目的語が二つあります．(8) には，「誰それに」という間接目的語・サレル人と「何々を」という直接目的語・サレル物の両方があるわけです．どちらの目的語も受動態の主語にすることができるはずですが，そうとも限らず，注意すべき制約もあります．

(8) a. Madoka teaches us English linguistics at this university.

b. She showed her lawyer a confidential document.

間接目的語・サレル人を主語にする受け身は (9) であり，何も問題ありません．

(9) a. We are taught English linguistics by Madoka at this university.

b. Her lawyer was shown a confidential document.

では，(8) の直接目的語・サレル物を受動態の主語にするとどうなるでしょうか．(10) のように間接目的語の前に，方向性を表す前置詞 to が現れます．

(10) a. English linguistics is taught *to* us by Madoka at this university.

b. A confidential document was shown *to* her lawyer.

次に，与格構文で受益の前置詞 for をとる二重目的語構文を見てみましょう．

(11) a. The children made their mother a birthday cake.

b. Her husband bought her a birthday present.

先の (10) と同様に，(13) では for の顕在化が生じます．(以下の例文では冠詞等，文意を自然にするため適宜変更.)

(12) a. The mother was made a birthday cake by her children.

b. She was bought a birthday present by her husband.

(13) a. A birthday cake was made *for* the mother by her children.

b. A birthday present was bought *for* her by her husband.

しかしながら，与格構文で for タイプ[3] になる別の二重目的語動詞の (14) を見てみると，間接目的語・サレル人を主語にする受動態は (15) であり，(12) と違ってうまく行きません.[4] この理由は，buy や make は二重目的語構文や与格構文として用いられる頻度が高く，bake や get は低いからかと思われます.

(14) a.　Greg baked his mother a birthday cake.

　　 b.　Paul got Janice a new dress.

(15) a. ?*His mother was baked a birthday cake (by Greg).

　　 b. ?*Janice was got a new dress (by Paul).

(Stowell (1981: 326))

直接目的語・サレル物を主語にすると，間接目的語の前に，受益を表す前置詞 for が現れます. この for も，先の (10) の to と同様に必ずなければなりません.

(16) a.　A birthday cake was baked *for* his mother.

　　 b.　A new dress was got *for* Janice.

(17) a.　*A birthday cake was baked his mother.

　　 b.　*A new dress was got Janice (by Paul).

(Stowell (1981: 325))

ということは，二重目的語を取る for タイプの動詞の一部は間接目的語を受動態の主語にすることができません. そして直接目的語を主語に出せば間接目的語の前に for が現れるということになります.

　実は，二重目的語構文の受動態の可否については母語話者にも判断に揺れがあり（大庭 (2011: 140)），(9) や (12) と同様に直接目的語が EN 形の後に残る (15) も可とされたり，(10) や (13) の間接目的語前の to/for が必須

---

[3] このタイプの代表的な動詞を取って「buy 型」と呼ぶこともあります. 与格構文で to タイプになる動詞は「give 型」と呼ばれます.

[4] しかし Jacob Schnickel 氏（私信，2023）によれば，(12) の構文も "quite uncommon" ということなので，(15) と同様に避けたほうがよさそうです.

ではないこともあるようです．しかし日本人学習者としては，受動態構文に
なると不定詞には to が付き，間接目的語には to か for が付くと覚えておけ
ば間違うことはありません．

　この節の最後に，他動詞の目的語でも受動態の主語になれない場合を記し
ておきます．次のような状態動詞の目的語は，受動態への変形ができません
（林（1991）等）．

(18) a.　Linda has three children.

　　 b.　*Three children are had by Linda.

(19) a.　Some apartments lack a bathtub.

　　 b.　*A bathtub is lacked by some apartments.

(20) a.　This dress suits Cinderella very well.

　　 b.　*Cinderella is suited very well by this dress.

(21) a.　Cinderella weighs 100 pounds.

　　 b.　*100 pounds is weighed by Cinderella.

この変形ができない理由は，「by＋名詞句」で表されるスル人には動作主と
して意志性がなければならず，自分の意志で (18)–(21) の状態を実現する
ことはできないからです．[5]

---

[5] 例外的に，次のように動作主の意志性がない受動文も成立することがあるので注意が
必要です（保坂道雄氏，私信，2023）．

(i)　The window was broken by a stone.

この文は，Bolinger (1975) が主張する「受動態の主語は，動詞が表す行為によって真に影
響を受けなければならない」という「影響」(affectedness) の制約にも関わっています．こ
の制約が (i) の文や Bolinger (1975: 68) の挙げた例 (ii)–(v) の適格性に関与しています．

(ii)　The stranger approached me.

(iii)　I was approached by the stranger.

(iv)　The train approached me.

(v)　*I was approached by the train.

見知らぬ人に接近されると心理的影響を受ける (affected) から (iii) は適格だけれども，空
間的参照点としての自分に電車が近づいても何の影響もないので (v) は不適格になります．

　野村 (2021) は目的語を主語にする受動化が可能か否かを，「目的語性の高さ」を示す一
要因としています．(ii) の me は (iv) の me よりも，「目的語らしい」というわけです．

4.1.2 前置詞の目的語も受動態の主語に

前節では他動詞の受動態について見てきましたが，(22) のように自動詞も受動態になることがあります．

(22) The audience laughed at the clown's funny behavior.

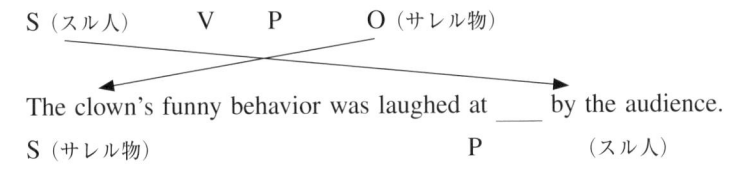

S (スル人)　　　V　　P　　　O (サレル物)

The clown's funny behavior was laughed at ＿＿ by the audience.
S (サレル物)　　　　　　　　　P　　　(スル人)

他動詞の目的語のみならず，前置詞の目的語も受動態の主語になれるのです．意味上のスル人とサレル物の位置関係は，先の (2) (4) の他動詞の場合と同様に，主語と目的語の交替が起きます．ここで注意すべき点は，前置詞 (P) は受動態になっても抜け落ちずに EN 形の後に残るということです．

では，次のよく似た二つの文を考えてみましょう．

(23) a. The daughter looks after her mother.

b. The daughter takes after her mother.

(23a) の前置詞の目的語を主語にすることは可能ですが，(23b) は不可能です．((24) (25b) では文意を自然にするため，冠詞等を変更．)

(24) a. The mother is looked after by her daughter.

b. *The mother is taken after by her daughter.

この理由は (18)–(21) と同様に，「by＋名詞句」で表されるスル人には自分の意志性がなければならないからです．したがって (25b) も不適格となります．

(25) a. The daughter resembles her mother.

b. *The mother is resembled by her daughter.

それでは，他動詞の目的語もあり，前置詞の目的語もある複合的な動詞句ではどうなるでしょうか．(26) のように他動詞の目的語も主語になり，

54

(27) のように前置詞の目的語も主語になることによって，2 種類の受動態が作れます。[6]

(26) That nurse takes very good care of my old father.

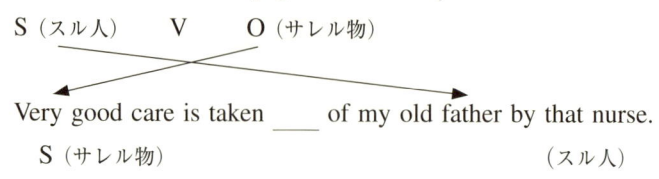

(27) That nurse takes very good care of my old father.

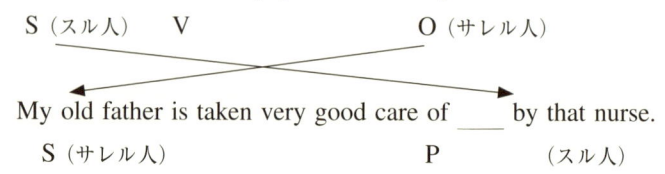

前置詞の目的語を主語にした (27) では，(22) の at や (24a) の after と同様に，動詞句の中に前置詞 of が残ります．元の主語・スル人が by に導かれて文末に来るのも，(22) (24a) に同様です．

　本節の最後に，「by＋名詞句」の動作主が文頭に出る疑問文の受動態を見ておきましょう．スル人が who として文頭になります．口語では By who(m) 〜? とは言わずに，by が文末に残留します．

(28) a. Who was the Prime Minister assassinated by?

b. I was scolded. — Who by?

以上述べたように，受動態における前置詞のふるまいをまとめると，不定詞の to，与格構文の to/for は顕在化し，動詞句内の前置詞や，動作主を導く by は残留するということになります．受動態の英作文では前置詞を落とさないように気を付けましょう．

---

[6] 他動詞の目的語の受動化 (26) は内部受動 (inner passive)，前置詞の目的語の受動化 (27) を外部受動 (outer passive) と呼ぶこともあります．秋元 (1997) は一方の受動化しかできない動詞句，両方の受動化ができる動詞句を分類し，それらの特徴を分析しています．

4.2　受動態の変異

4.2.1　by 以外の前置詞

「by＋動作主」の代わりに「with＋人／物」が用いられる受動態があります．

(29) a.　The glass was filled with red wine.

　　　b.　The top of Mt. Fuji is often covered with snow.

　　　c.　Charles is still associated with his former girlfriend.

(29) の with を by にしたらかなり不自然ですが，(30a, b) はどちらも適格であり，意味に大差はありません．

(30) a.　I was impressed by her splendid performance.

　　　b.　I was impressed with her splendid performance.

この対では，(30a) は by 以下の名詞句の動作性が高く，通常の受け身と言えますが，(30b) は impressed が動詞の EN 形というよりも形容詞化しており，with 以下は手段を表すと言えます．EN 形か形容詞かを区別する目安としては，強意の副詞として EN 形には much，形容詞には very が付くのが規範的です．

(31) a.　I was *much* impressed by her splendid performance.

　　　b.　I was *very* impressed with her splendid performance.

　with に限らず，変異的な受け身で用いられる前置詞は，その前置詞の元々の意味を伴っています．with は道具・手段や「共に在る」という意味ですし，次は in の場合で内包的，「中に」という意味を伴います．

(32) a.　I was somehow involved in their quarrel.

　　　b.　They are engaged in a malicious plot.

感情の対象には at が用いられます．

56

(33) a. Kate was surprised at the sudden news.

    b. Judy is outraged at her partner's attitude.

    c. Parents are often appalled at their children's preference for junk food.

    c'. Parents are often appalled *by* their children's preference for junk food.

(32) (33) の EN 形は，ほとんど形容詞と言って差し支えありませんが，(30a) (31a) の場合と同様に，by が使われた (33c') は受動態的になり，この文での appalled は EN 形であると主張されます．

4.2.2 get による受動態

be 動詞の代わりに get が用いられる受動態があります．

(34) a. I got frightened by the sudden big noise.

    b. The burglars got arrested by the police at last.

    c. Bob got appointed secretary by the chair(person).

get を用いる受動態のほうが，be よりも事態がガラッと変わる感じがします．(34) はどの文も「by＋動作主」が付いていますから通常の受動態です．

  しかしこの構文でも，EN 形と形容詞の融合ないし兼ね合いがよく起こります．

(35) a. I got married last year.

    b. I got interested in the TV series.

    c. I got scared to even hear the news.

    d. I got annoyed/bored/disappointed/excited/overwhelmed, etc.

どの例文も感情の急激な変化でガラッと変わる感じは (34) と同様ですが，(35) はもはや受動態というよりも，EN 形は形容詞として分析されます．I got angry. における angry が形容詞であることと同じです．

4.3　相と受動態の結合

　3.3 節では完了相と進行相が結合する構文を見ましたが，受動態と完了相，受動態と進行相，さらに受動態と完了進行相が結合する動詞句があります．つまり，完了相・進行相それぞれの受け身と，完了進行相の受け身が存在すると言うことです．それぞれの構文を足し算による図示と例文で見ていくと，次のようになります．

	進行相	be + ING 形
+	受動態	be + EN 形
	進行相受動態	be　being + EN 形

(36) a.　The new application is being installed right now.

　　 b.　Several houses are being constructed in the neighborhood.

意味も形式も組み合わさって一つになるこの現象を，中島 (2022) は「接ぎ木」になぞらえています．確かにこの現象は，台木（根っこのあるほう）と種類が異なる別の枝を接ぐことによって，両方の木が融合して生きていくかのようです．

　次は完了相受動態の場合です．

	完了相	have + EN 形
+	受動態	be + EN 形
	完了相受動態	have　been + EN 形

(37) a.　The letter has not been posted for a week.

　　 b.　The house has been burglarized three times.

　　 c.　The room had been cleaned completely while we were out.

完了相の意味としては，(37a) が継続，(37b) が経験，(37c) が結果になり

ます.

　最後に，完了進行相受動態です．3種類を組み合わせる「接ぎ木」になり
ます.

	完了相	have + EN 形
	進行相	be + ING 形
+	受動態	be + EN 形

	完了進行相受動態	have　been being + EN 形

(38) a.　I have been being tormented by my in-laws since they arrived
last week.

　　　b.　The parking lot has been being trespassed recently.

　　　c.　Ukraine has been being attacked by the Russian army since
February 2022.[7]

(38) は「(ある動作が) ずっと〜している／してきた」という動作の継続に，
受け身の意味が加わっています.

　ここで注意すべき点は二つあります．第1に，be 動詞は ING 形と EN
形のどちらでも接続するけれども，have には EN 形しか接続しない点です.
したがって「*have + ING 形」の構文はありえず，完全にアウトになります.

(39) a.　The girls are playing soccer on the field.

　　　b.　*The girls have playing soccer on the field.

　第2に，完了相・進行相・受動態の接続は，この順序でなければならな
いということです．飛ばすのは OK であり，実際，(36) は完了相を飛ばし
ており，(37) は進行相を飛ばしていますが，順序は変更できません.

(40) a.　The new application is being installed right now.　（= (36a)）

　　　b.　*The new application is been installing right now.

---

[7] 終結したら has は had になります.

(41) a. The house has been burglarized three times. (=(37b))

　　 b. *The house is had burglarized three times.

(40b) は受動態を先にして進行相を後回し，(41b) は受動態を先にして完了相を後回しにしているので，どちらもまさに木に竹を接いだような非文になってしまいます.

　動詞句内での助動詞の結合は，序列を守らなければなりません. 次の第 5 章の冒頭部分では，助動詞の序列性を総括的に見ることにします.

練習問題

1. 空所に前置詞を入れなさい. 同じものを何度使ってもよい.

(a) In winter, Mt. Fuji is covered (　　) snow.

(b) Nobita is often absorbed (　　) playing cat's cradle.

(c) I'm obsessed (　　) my own funny ideas about syntax.

(d) My grandmother was very sad (　　) the loss of her pet dog.

(d') My grandmother was much saddened (　　) the loss of her pet dog.

(e) People sometimes get involved (　　) trouble through no fault of their own.

(f) The cherry blossom is known (　　) everybody (　　) its beauty.

2. 次の文を受動化しなさい. (e) (f) は 2 通りの受動態にしなさい.

(a) We found the safe empty.

(b) The teacher made the main point clear to all students.

(c) They put off the baseball game due to heavy rain.

(d) I saw a pickpocket take a tourist's wallet.

(d') I saw a pickpocket taking a tourist's wallet.

   (e)   The old mother gave her daughter the diamond ring. [冠詞等，適宜変更すること]

   (f)   The writer always pays careful attention to words and usage.

3. 英作文しなさい．

   (a)   誰かを愛したこともなければ，誰かに愛されたこともない．

   (b)   普通の人は自ら音楽を選ぶが，その盲人ピアニストは音楽によって選ばれた．[8]

   (c)   けっとばされてきたものは，けり返せばいいのだ．[9]

   (d)   サグラダ・ファミリアは誰によって設計されましたか．

   (e)   その中学生は両親によって毎日塾に行かされた．

   (f)   この大学では毎年，数人の学生が学長賞を授与されます．

   (f')   この大学では毎年，数人の学生に学長賞が授与されます．

   (g)   私の荷物は機内に預けられたと思ったが，実は誤って放置された．

---

[8] 中山七里『いつまでもショパン』(2014 年，宝島社文庫) における，ある登場人物についての描写．

[9] 谷川俊太郎「サッカーによせて」の冒頭部分．

第5章　助動詞

「事実などないのだ，解釈だけがあるのだ」とは，ドイツの哲学者ニーチェ (Nietzsche, Friedrich, 1844–1900) の名言です．事実を把握するためには人は思考しなければならず，思考は各人の主観を免れません．思考するにも言語が用いられ，思考によって言語化された表現形式もまた，主観に基づいて解釈されると言えます．

5.1　法助動詞

常に主語とともに用いられ，語形が定形である can/could, may/might, shall/should, will/would, 現在・過去が同形の must, ought (to), 否定文・疑問文専用の dare, need を**法助動詞** (modal auxiliary) と呼びます．この場合の「法」とは法律の法ではなく，方法の法であり，心的態度（モダリティ＝modality）のことです．[1] 英語は，これらの助動詞によって（主語でなく）話し手／書き手の主観を表明することができるのです．

法助動詞は現在時制か過去時制のどちらかであり，不定形になることはありません．主語と最も近くに出現するのが定位置で，(1) のように 3 単現でも語尾に -(e)s が付きませんが，(2) のように to 不定詞では決して使われません．(3a) のように法助動詞を二つ使うこともできません．つまり法助動詞には「原形」という概念がないのです．

---

[1] mood（法），modal（法的／法助動詞），modality（法性）といった用語については，野村 (2019) がそれらの違いや関連事項を平易に解説しています．

(1) a.　She can/*cans swim.

　　 b.　She may/*mays swim.

(2) a.　*She is going to can swim across the river.

　　 b.　*She was seen to can swim across the river.

(3) a.　*She will can swim well.

　　 b.　She will be able to swim well.

　主語の次に法助動詞が来た後，続く助動詞たちには序列があり，4.3 節で述べた通り，完了⇒進行⇒受動の順を飛ばすのはよいけれど，順序を変えるのは不可です．

	完了相	have＋EN 形
	進行相	be＋ING 形
＋	受動態	be＋EN 形

完了進行相受動態	have　been being＋EN 形

法助動詞を先頭に全部を組み合わせる具体例を挙げると，（めったに出現しませんが）(4) になります．これが助動詞の序列の全体像になります（中島 (2006: 30) 参照）．このように動詞句を組み合わせていくのは，まるで「接ぎ木」のようだと中島 (2022) は例えています．

(4)　I　may　have　been　being　deceived.

　　＝私はだまされ続けてきたのかもしれない．

(4) の英文とその和訳の下線にも注目してください．英文は実線，二重線，点線，波線の順に出現していますが，和訳では波線，点線，二重線，実線の順です．日英語には，このような統語構造上の鏡像（裏返し）関係が見られます．

5.1.1　根源的意味と認識的意味

　法助動詞には，古英語（700-1100 年）の時代から備わっている「濃い意味」である根源的意味と，現代英語までにどんどん推測的になった「薄い意味」である認識的意味の用法があります．萱原・佐々木 (1999: 76) の表に

基づいて，私が手を加えると次の表 4 になります．

表 4：法助動詞の意味

	根源的意味	認識的意味
can/could	能力・可能・許可	可能性
may/might	許可	可能性
will/would	意志・未来	当然性
shall	話者の意志	—
should	推奨	当然性・想像性
must	義務	確実性
ought to	義務	当然性

　以下にそれぞれの法助動詞の意味と用法を述べますが，表中に表れた意味の代表的な用例のみについて記すので，詳しくは柏野 (2002)，中野 (2014)，セイン・古正 (2014)，安武内 (2017)，久野・高見 (2022) 等を参照してください．

5.1.2　can/could

　根源的な意味は「能力」であり，(5) のように be able to と類似した意味です．(6) のように能力は「可能」に通じ，(6b) は不自然になります．

(5) a.　All Japanese people can read and write.

　　b.　All Japanese people are able to read and write.

(6) a.　I can't believe such a thing.

　　b.　?I'm not able to believe such a thing.

自分について可能かどうか尋ねれば「許可」を求めていることになります．ただし，(7b) の過去時制にした方がずっと丁寧に響きます．6.3 節で見るように，過去時制には遠慮した態度が反映されるからです．

(7) a.　Can I borrow your pen?

　　b.　Could I borrow your pen?

64

認識的意味では可能が薄まって理論的な「可能性」となり，(8c) の cannot be 〜 では「〜であるはずがない」と訳すとうまくいきます．

(8) a. This disease can be fatal.

b. Human beings can always make mistakes.

c. That cannot be true.

d. There is no chance you could be right.

(8d) は過去時制なので，可能性はぐっと低くなります．

5.1.3 may/might

根源的意味は「許可」であり，自分が主語なら疑問文 (9a, b) ではへりくだっていますが，(9c) は上から下への指示のように響きます．

(9) a. May I help you?

b. May I have your name?

c. You may either stay here or go there.

認識的な意味では may は五分五分の可能性を表し，したがって (10b) のように may or may not 〜 という表現も使われます．

(10) a. Ask her. She might know.

b. Well, you may or may not be right.

c. It may/might rain in the afternoon.

might になると論理的にはさらに可能性が低くなるはずですが，口語では may より多用されており，(10c) はどちらを用いても実際の可能性は同程度と思われます．

5.1.4 will/would

根源的意味は主語の「意志」であり，(11c) はまるでフタに意志があるかのように擬人化して考えればよいです．

(11) a. We will never forget your kindness.

　　 b. Naomi will become a doctor in the future.

　　 c. This lid will not/won't open.

(11b) で示されたように，意志は「未来」に通じます．[2] (12b) は従属節における時制の一致[3] による過去時制です．

(12) a. The weather forecast says it will snow tomorrow.

　　 b. The family next door said they would move out next year.

would は控えめな願望や欲求を表すことがあり，これも根源的用法です．

(13) a. I would rather not say anything about it.

　　 b. I'd like to have another cup of coffee.

　　 c. Would you mind cleaning the bathroom?

　認識的な意味は主語の意志が関与しない「当然性」を表し，(14b) はそういうものだという習性的な意味合いがあります．

(14) a. Accidents will happen.

　　 b. Boys will be boys.

したがって現在形 will による当然性は，かなり高くなります．

　そして私見では，この認識的用法の過去時制が「過去の習慣・習性」を表す would ではないかと思われます．

(15)　 I *would* always be so nervous before a big game. I *would* pace

---

[2] 「未来」を will のモダリティに含めない研究者もおり，萱原・佐々木 (1999: 76) も表 4(に相当する彼らの表) には記載していません．彼らはむしろ「習性」を根源的意味と見なしているのですが，私としては (14) は，彼らの「高い可能性」に相当する認識的意味に含めておきます．

[3] **時制の一致** (sequence of tenses) とは，主節の動詞が過去形だとそれに呼応して従属節の動詞も過去形や過去完了形になる現象です．時間の経過を経て視点が変われば，時間の表現も影響も受け，例えば (12a) の発言は，一夜明ければ昨日から見た明日は今日なので，次の発言になります．

　(i)　 The weather forecast said it *would* snow *today*.

> up and down the gym corridors and I *would* smoke half a pack
> of cigarettes. (久野・高見 (2022: 90, 97))

この would は過去に繰り返された動作や出来事を表しており，過去に一度だけの動作や出来事を表しているのではありません．この語法はよく過去に一回だけの状態を表す used to と比較されます（久野・高見 (2022: 91))．

(16) a. I used to have an old Rolls-Royce.

    a′. *I would have an old Rolls-Royce.

    b. There used to be a bookstore here.

    b′. *There would be a bookstore here.

used to と would の違いについては，久野・高見 (2022: Ch. 4) が詳述しています．

5.1.5 shall/should

形式的には shall が現在時制，should が過去時制の対ですが，現代英語では should が独り歩きしているので，表4では別々に載せています．shall の根源的意味は「(主語ではなく) 話し手の意志」です．(17a) では主語と話し手が同一人物であり，will よりも強固な意志をはらんでいます．

(17) a. I shall never forget your kindness.

    b. You shall have a wonderful gift. (= I will give you a wonderful gift.)

    c. Ken shall accompany Tim.

(17c) は Ken に Tim の付き添いをさせようという台詞になります．しかしながら，(17b, c) の用法は「上から目線」でありかなり文語的なので，(18) のように1人称主語による自発的な申し出や，勧誘の表現でしか shall を使わないほうがよいでしょう．

(18) a. Shall I drive you home?

    b. Let's have a coffee break, shall we?

　should は現代英語では意味が薄弱となり，根源的用法では義務というより「〜するほうがよい」という「推奨」の意味が相応しいと思われます.

(19) a.　My husband should do more physical exercise.
　　 b.　He shouldn't drink so much, either.

従来，had better が「〜するほうがよい」と訳されてきましたが，その訳が相応しいのは should の方で，(20) は命令のようにきつく響くので注意が必要です.(20b) のように否定文では not は better の後になります.

(20) a.　My husband had better do more physical exercise.
　　 b.　He'd better not drink so much, either.

　認識的な意味の should では，すっかり意味が薄まって，推測的な「当然性」となります.

(21) a.　This is an old hit song. Your mother should know it.
　　 b.　Where is my watch? It should be in this room.

さらにほとんど意味がなくなると，話者が思い描く「想像性」を表します.(22a) は that 節の内容を事実として，(22b) は想像として述べているとされますが，実際には大差ありません.should はもはや語彙的ではなく，「文法化」したと言えます (文法化については保坂 (2014) 参照).

(22) a.　It is natural that she gets angry.
　　 b.　It is natural that she should get angry.

　条件節での should の用法も認識的であり，万が一の場合を想像しています.この用法は大西・マクベイ (2018: 242) によれば，(23b) のように倒置するほうが感情がこもっているそうです (仮定法の倒置については村上 (2021) 参照).(23b) は should に強勢を置きます.

(23) a.　If you should encounter any inconvenience, please let us know.
　　 b.　Should you encounter any inconvenience, please let us know.

大西 (2019: 56) は，if を使うと二者択一を迫る感じがするが，倒置すると物腰が柔らかくなり，接客向けと述べています．

5.1.6　must

must は（時制の一致による過去形を除いて）現在形としてのみ用いられ，根源的意味は「義務」です．否定文では禁止の意味になります．

(24) a.　You must respect your teachers.

　　 b.　You must not/mustn't bully your classmates.

口語では，相手のためを思って強く勧める must の用法があります．この用法を Yule (1998: 98) は 'social obligation' と称しています．

(25) a.　You must try this cake. It's so very delicious!

　　 b.　We must get together for lunch sometime.

have to にも義務の意味がありますが，must が主観的な義務を表すのに対して，have to は規則等による客観的な義務を表すと言われています．また，否定文では「〜する必要はない」という意味になります．

(26) a.　Passengers always have to fasten their seatbelts before takeoff and landing.

　　 b.　Pat doesn't have to go to the ceremony, but Ted does.

認識的な意味は「確実性」であり，must be 〜 が「〜に違いない」という意味で多用されますが，まれに (27b) のように be 動詞でも根源的な義務の意味になるので注意が必要です．

(27) a.　Did Jim graduate from culinary school? He must be good at cooking.

　　 b.　You must be more careful while driving.

(27a) の「〜に違いない」は，(8c) cannot/can't be 〜「〜のはずはない」と反対の意味になります．

5.1.7　ought (to)

ought (to) はあまり用いられませんが，根源的な意味は「義務」であり，
should より強く must より弱い義務感があります．安藤 (2021: 148) によ
れば ought (to) は「法律とか規則とかを考えて」おり，萱原・佐々木 (1999:
84) によれば ought (to) と must には次の意味合いの違いがあるそうです．

(28) a. He ought to pay for the broken window … (but he probably
won't).

b. He must pay for the broken window … (and moreover he will
do so, because I say so).

動詞の原形ではなく to 不定詞が ought に後続する点が他の法助動詞と異な
り，否定文では ought と to の間に not が入ります．

(29) His parents ought *not*/ought*n't* to pay for the broken window …
(for, he is already an adult).

義務の意味が薄まると，認識的意味は「当然性」となります．

(30) a. My son ought to be on the flight now.

b. After this surgery, you ought to get out of the hospital in a
week.

根源的であれ認識的であれ，どちらの意味用法でも ought (to) より should
の方が多用されます．ちなみに COCA (Corpus of Contemporary Ameri-
can English) というウェブ上の資料を検索すると，約 10 億語中，should は
約 92 万回使用されているのに対し，ought は 42,000 語余りしか使われて
いませんでした．

5.1.8　dare と need

表 4 には含めませんでしたが，疑問文・否定文でしか用いられない dare
と need も法助動詞に数えられます．根源的意味しかなく，dare は「果敢な
意志」，need は「必要」を意味します．dare は，(31a) の決まり文句でよく

用いられます.

(31) a. How dare you say such a thing!

b. I dare not talk back to my boss.

法助動詞 need は，疑問文に対して (32b) のように肯定で答えることはできず，(32b′) のように別の法助動詞等を使わなければなりません.

(32) a. Need I go see my doctor?[4]

b. *Yes, you need.

b′. Yes, you should/have to.

c. No, you needn't/need not.

本動詞 need の (33) とは，この点が異なっています (村上 (1991) 参照).

(33) a. Do I need to see my doctor?

b. Yes, you do.

c. No, you don't (need to).

以上は駆け足で概観しましたが，柏野 (2002)，中野 (2014)，久野・高見 (2022) といった文献が法助動詞の意味を詳述しています.

5.1.9 法助動詞の完了相

認識的意味を持つ法助動詞が完了相で用いられると，その完了相は時間的に過去を表し，それに法助動詞が組み合わさった意味になります.形式的には「法助動詞＋have＋EN 形」となり，原則として根源的意味の法助動詞にこの用法はありません.[5] 6.4 節で述べる仮定法過去完了の帰結節とまったく

---

[4] アメリカ英語ではこの疑問文は使われないとのことです (Jacob Schnickel 氏，私信，2023) が，COCA を 'Need I' で検索すると，"Need I say more?" "Need I go on?" "Need I remind you …?" といった慣用表現が散見されました.

[5] ただし野村 (2012: 44) は，Ota (1972) や Papafragou (2000) の例を引いて，根源的意味の法助動詞の完了相もありうるとしています.

(i) One should have taken a language test before joining the course.

(ii) In order to use a word properly, one must have acquired the underlying con-

同じ形式をしているので注意して区別する必要があります．

萱原・佐々木（1999: 77）は次の 4 例を挙げています．

(34) a. He must have been there yesterday.

　　 b. He will have been there yesterday.[6]

　　 c. He may have been there yesterday.

　　 d. He cannot have been there yesterday.

それぞれの法助動詞の認識的意味は，must が「確実性」，will が「当然性」，may が「可能性」，cannot が「可能性の打ち消し」ですので，彼が昨日そこにいた可能性は，(34) の上から下への順に低くなります．

ought (to) も「当然性」を表しますから (34b) と (35a) は同程度の可能性に位置し，(35b) should の「当然性・想像性」は，それより若干低くなります．

(35) a. She ought to have come home by now.

　　 b. She should have come home by now.

can の (36a) は，ありうる「可能性」がかなり高くなり，過去時制の (36b) では可能性がかなり低くなります．

(36) a. She can have come home by now.[7]

　　 b. She could have come home by now.

may は推量的な五分五分の可能性です．(36) の対と同様，理屈では (37b)

---

cepts.

[6] will と yesterday が共起しているのが驚きです．この will には未来の意味がまったく欠落していることになります．

[7] (36a) は Jacob Schnickel 氏（私信，2023）によれば "doesn't sound right" とのことですが，COCA を 'she can have come' と 'he can have come' で検索すると，前者はゼロ，後者は次の 1 例だけ見つかりました．構文的にはありうるということです．

　(i) I do not know where he can have come by such a notion, but he was so earnest in his concern that both James and I had difficulty in keeping a sober expression. 　　　　　　　　　　(Wrede (2006) *The Mislaid Magician, or Ten Years After*)

の過去時制では可能性が低くなるとされていますが，実際には同程度と思って大丈夫です．

(37) a. She may have come home by now.

b. She might have come home by now.

要するに法助動詞に宿っている主観性は，あくまでも話し手の主観なのです．話し手の頭の中の解釈は，現実とは異なっている場合も多くあります．

5.2 助動詞 do

本動詞とともに用いられ，自分自身は何の意味も持たない 'dummy' だけれど必要不可欠の助動詞 do は，英文法きっての名脇役だと言えます．本節では，do がどんな役割を演じているか，見ていきましょう．

5.2.1 助動詞 do の今昔

助動詞 do は古くから存在はしていたのですが，現代ほど頻繁には用いられませんでした．少なくとも初期近代英語時代（1500-1700 年）まで，do を使わずに疑問文や否定文を作ることができたからです（(38a) は Ukaji (1978: 47)，(38b) は Traugott (1972: 176)）．

(38) a. *Went you* not to her yesterday, sir, as you told me you had ap-
pointed?

(Shakespeare (1600) *The Merry Wives of Windsor,* V.i.14–15)

b. Houghton, I *know not* what to call it, a monument of grandeur
or ruin!

(Walpole (1761) *A Selection of the Letters of Horace Walpole,* I.129.15)

これらの文は，現代英語ではもちろん (39) になります．

(39) a. Didn't you go to her yesterday, sir, as you told me …?

b. Houghton, I don't know what to call it, ….

なお，wh 疑問文でも次のような例が見られ，初期近代英語では，本動詞自体で主語が前に出る例と，do を用いる例が混在していたことが分かります ((40) は池上 (1993: 144))．

(40) a.　"What wine do ye drink?" — "Red."
　　 b.　"How like you this wine?" — "Good."
　　 c.　"What eat ye upon Friday?" — "Eggs.

(The Mirrour of Mirth (1583))

(40a) は ye (you の古語) を you に替えれば現代でも OK ですが，(40b, c) は次のように do を使わなければなりません．

(41) a.　How do you like this wine?
　　 b.　What do you eat on Friday?

(42a) は疑問文，(42b) は命令文で do を使う例と使わない例が混在していた証拠です (thou は「汝」と訳される 2 人称単数の古語，-st はそれに呼応した語尾) ((42a) は中野 (1994: 306-307)，(42b) は Ukaji (1978: 79)))．

(42) a.　How didst thou escape?　How camest thou hither?

(Shakespeare (1611) The Tempest, II.ii.123)

　　 b.　Speak not, reply not, do not answer me;

(Shakespeare (1594) Romeo and Juliet, III.v.164)

　英語史上，本動詞がいつまで not の前や主語の前に出られたのか，つまり，いつまで助動詞 do に抵抗していたのかは，一概に言えません．本動詞を主語の前に出す廃用の語順は，不規則動詞ほど長く続いた，仮定法・命令法で長く続いた，イギリス英語で長く続いた，とは言われます．一説によれば，I know not は 19 世紀中ずっと，20 世紀初頭まで I don't know の代わりに使われていたそうです (Traugott (1972: 176))．ということは，know は英語史上 2 番目に長くそのように用いられていた動詞です．では 1 番目はと言えば，本動詞の have です．

(43) a. Have you any questions?

b. I haven't enough money.

これらは今でもイギリスを中心に使われますが，もちろん，(44) の方が圧倒的に多く用いられます．

(44) a. Do you have any questions?

b. I don't have enough money.

5.2.2 助動詞 do は定形

助動詞 do は現在時制か過去時制のどちらかであって不定形になることはなく，主語と最も近い位置に出現する，というところまでは法助動詞と同じです．が，法助動詞と違って 3 人称単数現在の -(e)s が付き，does という語形になります．(45) のように to 不定詞では決して使われません．(46) のように法助動詞とともに使うこともできません．

(45) a. *Fred is going to do swim across the river.

b. *Fred was seen to do swim across the river.

(46) a. *Greg will do swim well.

b. *Greg does can swim well.

ここまで 3 単現の -(e)s があるという以外は，助動詞 do と法助動詞は同様に見えますが，次の大きな違いがあります．以前に挙げた例文 (4) のような助動詞の連なりに，do は加わることができません．ここに繰り返すと：

(47) I may have been being deceived. (= (4))

(47) の語と語の間のどこにも do は入れません．理由は，助動詞 do は動詞の「時制」の要素を支えるからだと思われます (Murakami (1992: Ch. 2))．すでに定形の位置を他の助動詞 ((47) では may) が占めている場合，それとともに do が用いられることはないのです．時制を支持するという意味で，「do 支持 (*do*-support)」や「do 挿入 (*do*-insertion)」と呼ばれることがあります．疑問文・否定文は do を誘発するのです．

(48) a. (　　) Saki live in Shibuya?

　　　 b.　No, she (　　) not live there.

確かに上のような空欄を見ると，現在時制の does か過去時制の did を入れたくなるではありませんか.

5.2.3　助動詞 do の用法

　助動詞の do/does/did は，まさに「時制要素が動詞に接着できない場合に，それを救済するために投入された助動詞 do が時制変化したもの」(中島 (2017: 37)) と言うことができます. まず，not による否定文では必ず do が現れなければなりません.

(49) a.　I do not/don't care what they think about me.

　　　 b.　*I not care what they think about me.

not 以外の否定副詞の場合は，do が現れません. これも法助動詞との違いです. (50) の (*do) は，そこに do を入れてはいけないという意味です.

(50) a.　I (*do) never care what they think about me.

　　　 b.　I (*do) hardly care what they think about me.

(51) a.　I will never know what they think about me.

　　　 b.　I can hardly believe what they think about me.

また，Battistella (1987: 236-237) によって指摘されたように，do と not は厳密に隣接していなければならず，(52c) のように間に副詞を挟むことはできません.

(52) a.　Rich people often do not contribute to charity.

　　　 b.　Rich people do not often contribute to charity.

　　　 c.　*Rich people do often not contribute to charity.

以下のように，法助動詞は (52c) の語順で適格です (Murakami (2007: §2.2.1) 参照).

76

(53) a. Rich people will often not contribute to charity.

    b. The couple may therefore not understand each other.

次に倒置には，5.2.1 節で見た疑問文のほか，否定極性[8] を持つ語句を文頭に，do を主語の前に出して強調する語法があります．

(54) a. Not a soul did I see in the street this morning.

    b. Only yesterday did we find the important fact.

この語法は，5.3 節で見るように，他の助動詞にも同様にあります．

　助動詞 do には，do にすべての意味が含まれて，後に本動詞が続かない省略の用法もあります．(5.3 節の「コード」に相当.)

(55) a. Do you swear? — I do. [結婚式での誓いの言葉]

    b. Did Bill say anything? — No, he didn't/did not.

    c. He never did.

    c′. *He did never.

    d. He hardly did.

    d′. *He did hardly.

なお (55c, d) が示すように，省略の用法では助動詞で文を終えねばならず，(55c′, d′) のように not 以外の副詞で終えるのは不可です．

　縮約形として，do の否定短縮形は don't/doesn't/didn't のすべてがあります．が，主語と縮約することはなく，この点が他の助動詞とは異なります．次のように be 動詞と完了の have のすべてと，will/would は，主に主語代名詞と縮約しますが，do はこのようにできません．

(56) a. I'm/We're/You're/It's/He's/She's/They're fine.

    b. I've/We've/You've/He's/She's/They've been watching a

---

[8] not のような否定語はもちろん，any や ever，日本語では「あまり〜でない」の「あまり」に相当するような否定的な環境で用いられる語や句が，**否定極性** (negative polarity) を持つと言えます．

movie.

   c.　She'd been watching a movie.［すべての主語代名詞に 'd］

   d.　He'll be waiting for you.［すべての主語代名詞に 'll］

   e.　John said he'd be waiting for you.［すべての主語代名詞に 'd］

　最後に，強調する助動詞 do は，疑いを抱かれているような場合にそれを払拭するための強勢であり，「本当だよ」と命題の真性を強調しています．

(57)　a.　I dídn't say such a thing.　(I can't imagine I did.)

    b.　I díd see the ghost!　(But everybody doubts it.)

ここで注意すべき点は，肯定文で用いられる助動詞 do は強く肯定するための強勢であり，強く発音しないと非文になるということです．

(58)　a.　I dó admit that I had cheated in the test.

    b.　He doesn't trust me. ─ Yes, he dóes trust you.

以上のように，助動詞 do は本動詞に寄り添いながら，英文法で必要不可欠な役目を果たしています．なお，命令文でも do が用いられますが 6.1 節で詳述します．

5.3　助動詞の NICE 特性[9]

　改めてまとめると，英語の助動詞は以下のように 3 種類に分類されます．

(59)　a.　法助動詞：can/could, may/might, shall/should, will/would
                 現在・過去同形の must, ought (to)
                 否定極性を持つ dare, need

    b.　支えの助動詞：時制を支える 'dummy' do

    c.　相・態の助動詞：完了相の have, 進行相の be, 受動態の be

---

[9]　5.3 節の初出：『今さら聞けない英語学・英語教育学・英米文学』62「助動詞の NICE 特性」(2020: 124–125) を改訂．

法助動詞と助動詞 do は常に定形であるのに対し，助動詞 be と have には不定形もありえます．[10]

3分類したどの助動詞にも共通の特性があり，それを **NICE 特性** (NICE Properties) と呼ぶことがあります．この名称は，Palmer (1965, 1974, 1987) が記述した助動詞の4つの特性，negation, inversion, 'code,' emphatic affirmation の頭文字を取って，Huddleston (1976) が Palmer (1974) の書評論文において，そう名付けたものです．

助動詞の第1の特性は**否定** (negation) に関するものです．助動詞は否定辞 not を従え，*amn't, *mayn't を除き「縮約された否定の活用形を持つ」とさえ言えるのです．

(60) a. I can't/cannot swim, so I won't/will not.

b. I don't/do not want to swim.

c. I haven't/have not swum at all.

次の (61c) が示すように，本動詞は否定辞 not を従えることはできません．

(61) a. He began to cry.

b. He didn't begin to cry.

---

[10] 匿名の査読者から繋辞の be (2.1.2 節を参照) も NICE 特性を持つという指摘がありました．確かにその場合の be 動詞は，本動詞にして助動詞的な NICE 特性を持つという例外的な存在です．

逆に，法助動詞に含められることもある used to は，十全に NICE 特性を備えているとは言えません．以下はイギリス人 Palmer (1988: 170) による例文と容認度であり，(i)–(iv) が法助動詞，(v)–(viii) は本動詞と見なされます．アメリカ人 Jacob Schnickel 氏 (私信，2024) によれば，疑問文 (ii) は聞いたことがなく，(i) の縮約形 usedn't はイギリスでもまれでは，とのことです．

(i) He used not/usedn't to act like that.

(ii) ?Used he to act like that?

(iii) *I used to act like that and so used he.

(iv) He úsed to act like that.

(v) He didn't use to act like that.

(vi) Did he use to act like that?

(vii) I used to act like that and so did he.

(viii) He díd use to act like that.

c. *He begann't cry.

(62) では，本動詞に後続する否定辞 not は to 不定詞を前置修飾しており，文法性は (61) と同様のパターンを示しています．

(62) a. I prefer not to ask him.

b. I don't prefer not to ask him.

c. *I prefern't to ask him.

第 2 の特性は，典型的には疑問文において，助動詞は主語の前に出て**倒置** (inversion) され，「助動詞 + 主語 + 本動詞」の語順になることです．

(63) a. Should we ask them?

b. Did you want to ask them?

c. Hadn't we asked them already?

5.2.1 節で見たように，現代英語では本動詞が主語前の文頭に出ることはできません．

(64) a. *Said you that?

b. *Wanted you to ask them?

第 3 の特性は，動詞句の繰り返しを避けるために，助動詞だけで独立して直前の動詞句の意味内容を表す用法で，Firth (1968: 104) に従えば，これを**コード** (code) と呼びます．疑問文への返答によく用いられます．

(65) a. May I go there? —Yes, you may.

b. Did you see that ghost? —No, I didn't.

c. Have you ever been to Hawaii? —Sure, I have.

倒置にも用いられ，(66a, c) のように等位接続詞に導かれる場合もあります．

(66) a. We must go, and so must you.

b. I miss you. —So do I, darling. ［電話やチャットで］

    c. I'm not accustomed to this situation, nor is anybody else.

本動詞が欠けていて意味内容が不明でも文として成立するという点で，'truly in code' であると Palmer (1988: 20) はこの名称を擁護し，Firth (1968: 105) による次の対話を挙げています．

(67)   Do you think he will?

        I don't know. He might.

        I suppose he ought to, but perhaps he feels he can't.

        Well, his brothers have. They perhaps think he needn't.

        Perhaps eventually he may, I think he should, and I very much hope he will.

(67) は具体的に何のことを言っているのか，傍聴者にはさっぱりわかりませんが，この二人の間では話が通じているというわけです．

　最後に，第4の特性は強勢に関して，助動詞も本動詞もそれぞれ (68) や (69) のように強勢を受けることがあります．

(68) a. I cán play the piano.

     b. I dídn't say such a thing.

     c. What a fool! You áre being deceived.

(69)   Not only did I sée the Queen, I tálked to her!

本動詞の強勢は (69) のように動詞の意味内容を強調しますが，助動詞に特徴的な **強調** (emphasis) は，疑いを抱かれているような場合にそれを払拭するように強く肯定するための強勢であり，(70b, c) は命題の真性を強調しています．

(70) a. You múst see him. (Even if you don't want to.)

     b. I díd see the ghost! (But everybody doubts it.) (= (57b))

     c. The concert wás cancelled. (You still think it will be held.)

(70b) のように do が肯定文で用いられる例では，do は必ず強勢を受け

ます.

　以上が Palmer（1988: 14–21）の概略です. しかし日本人学習者に教える際,「コード」は適切な訳語がなく概念も難しいので, 私は代わりに**縮約**（contraction）を第 3 の特性として教えています. 助動詞は not のみならず, I'll < I will, you'd < you had / would, she's < she is / has 等, 代名詞主語と短縮形を作れるものが多いからです. ではコードの例文をどう扱うかですが,（66）は第 2 の特性である倒置に含められます.（65）と（67）は第 4 の特性に**省略**（ellipsis）も設け, そこで 2 種類の E について説明すれば頭文字 NICE を保つことができるのです.（実は E が二つあると「NIECE 特性」という頭文字語ができるのですが, これを普及させようとは思っていません.）

練習問題

1. 　次に掲げる助動詞の特徴について, 法助動詞の特徴には「法」の欄に✓, 助動詞 do の特徴には do の欄に✓, be 動詞の特徴には be の欄に✓を入れなさい.（当てはまらなければ空欄のまま）

	法	do	be
(a)　3 単現の -s が付く	(　　)	(　　)	(　　)
(b)　ING 形になる	(　　)	(　　)	(　　)
(c)　to 不定詞になる	(　　)	(　　)	(　　)
(d)　倒置で主語の前に出る	(　　)	(　　)	(　　)
(e)　強勢を受けることがある	(　　)	(　　)	(　　)
(f)　付加疑問文になる	(　　)	(　　)	(　　)

2. 　ふさわしい法助動詞類を入れなさい. ただし解答は一つだけとは限らない.

(1) (a) Let's take a stroll, (　　) we?

   (b) This door (　　) not open.

   (c) (　　) you mind giving us a ride?

   (d) The family (　　) to live in Sydney.

   (e) (　　) you be coming to the party?

   (f) This is my special apple pie. You (　　) try it.

   (g) It's odd that she (　　) walk out on her boyfriend.

(2) (a) (　　) students call/ring up/(tele)phone the secretary of the department?

   (b) No, they (　　) not. That's against the rules.

   (c) They (　　) to email her.

   (d) What (　　) they do if the secretary doesn't answer?

   (e) They (　　) just drop by her office.

3. can, may, must の根源的用法と認識的用法の例文を，何も見ないでそれぞれ 1 文ずつ書きなさい．

(a) can の根源的意味用法の例文

(b) can の認識的意味用法の例文

(c) may の根源的意味用法の例文

(d) may の認識的意味用法の例文

(e) must の根源的意味用法の例文

(f) must の認識的意味用法の例文

4. 法助動詞の完了相を使って英作文しなさい．

(a) 彼はその計算ミスに気が付かなかったに違いない．

(b) 私は玄関の鍵をかけずに家を出たかもしれない．

(c) 初七日が過ぎ，父は三途の川を渡ったことであろう．

(d) 事態はもっと悪くなる可能性もあったが，最悪は避けられた．

第6章　法

　言語の法は，法律ではなく様態を表す方法の「法」であり，3種類に分類されます．そして英語の仮定法は語形に基づいて，さらに細分化することができます．

$$
\text{法}\begin{cases}
\text{直説法：}　\text{命令法・仮定法ではない動詞の定形} \\
\text{命令法：}　\text{通常主語がない動詞の原形} \\
\text{仮定法：}\begin{cases}\text{仮定法原形（いわゆる仮定法現在）} \\ \text{仮定法過去・過去完了}\end{cases}
\end{cases}
$$

　法（mood）とは，人の心的態度（法性，modality）を表現する動詞の形態です．英語は中英語期（1100-1500年）に音韻変化によって法の形態素を消失してしまったので，直説法と仮定法過去・過去完了は明らかに定形ですが，仮定法原形と命令法は原形ゆえ時制があるのかないのか，定形性に疑問が残ります（松瀬 (2014)，Murakami (1992)）．本書ではヨーロッパ諸語の伝統に則って，いずれかの法に属する動詞は定形としておきます（野村 (2023a)）．

　それでは，英語圏の子どもが早くに習得し，日本でも早い時期に教わる命令法から観察してみましょう．

6.1　命令法

　実は英語ではあまり命令「法」とは言わず，命令「文」と言うのですが，以下の表5を見ると，助動詞 do を含めた動詞の語形がそれぞれの法で異

なっているので，命令法は独立した法であると認めることにします．なお，ヨーロッパの他言語では，動詞の形態に命令形があるので，れっきとした命令法です（野村（2020））．

表 5：be 動詞による英語の語形態

	直説法	命令法	仮定法
1 人称単数	am not	—	not be
2 人称単数	are not	do not be	not be
3 人称単数	is not	do not be	not be
1/2/3 人称複数	are not	do not be	not be

仮定法原形と命令法は，どちらも時制を持たないように見え，どちらも主張性を表す構文ですが，do が現れるか否かが著しく異なっています．

(1) a. You are not kind. ⇒ 直説法

    b. Don't be too kind. ⇒ 命令法

    c. My friend insisted that I not be too kind. ⇒ 仮定法

このように 3 種類の法は，not のある否定文において語形の違いが際立ちます．

その違いを含めて，命令法には次の三つの主な特徴があります．

(i) 通常，主語が現れない．

(ii) 動詞の原形が用いられ，法助動詞と共起しない．

(iii) （be 動詞と共にさえ）助動詞 do が用いられる．

では以下に，それぞれの特徴を見ていきましょう．

6.1.1 命令法の主語

確かに命令法には，主語が現れないのが普通です．

(2) a. Be skeptical. Don't believe it.

    b. Don't be a fool. Study much harder.

しかし現れないからといって主語が存在しないとは言えません．中島 (2017:
Ch. 3) は，(3) のように再帰代名詞に yourself が現れること，(4) のよう
に付加疑問文に you が現れることを，命令法の主語が潜在的な you である
証拠としています．

(3) a.　Look at yourself in the mirror.

    b.　Please make yourself at home, and help yourself to anything
you like.

(4)　Lend me a hand, won't you?

ただし肯定の命令法に you がはっきり付くと，ぞんざいな口調になるので
要注意ですから，(5a) は使わないほうが賢明です．(5b) のような否定倒置
の Don't you ～ は逆に懇願的な口調になります．

(5) a.　You bring the newspaper right now.

    b.　Don't you go out alone at midnight.

　実は命令法の主語には 3 人称もあります．(6) は呼びかけですが，(7) は
主語として文に組み込まれています．

(6) a.　Bob, take the box, and Joe, bring the suitcase.

    b.　Stand up, everyone.

(7) a.　Bob take the box, and Joe bring the suitcase.

    b.　Everyone stand up.

Davies (1986: Ch. 5) は，(6) (7) や，以下のような例を用いて，命令法の
主語は you のみならず，3 人称主語も含まれると論証しています．

(8) a.　Nobody move.

    b.　Somebody catch that thief!

    c.　Amy hold one end of the rope and Sue hold the other.

    d.　Visitors please use the other entrance.

    e.　You and your friends clean up this mess!

3 単現の -(e)s が (8a-c) の動詞に付いていませんが，(9) のように助動詞 do も does になることはありません．(9b) の倒置は，any が付いた語句よりも not が先に来なければいけないので必然的です．興味深いことに所有格の代名詞は (9b) のようにいくつか可能ですが，口語では your が最も用いられます．

(9) a. Everybody do sit down.

　　 b. Don't anybody lose his (or her) / their / your room key.

主語の種類にかかわらず，命令法の do は常に do であって決して活用しないところも，命令法に特有な語形態です．

6.1.2　命令法の付加疑問文

命令法は，法助動詞とは共起しません．

(10) a. Close the door.

　　 b. *Will close the door.

　　 c. *Can close the door.

けれども法助動詞を伴う付加疑問文にすることはできます．6.1.1 節で述べたように，表面に現れない主語は you である証左でもあります．5.1 節で述べたように，使われる法助動詞によって，話者の心的態度が異なります．

(11) a. Join us, won't you?

　　 b. Marry me, will you?

　　 c. Be quiet, can't you?

　　 d. Close the door, can you?

　　 e. Fill in the form, could you?

ここで let's の命令文にも言及しておきましょう．let's は元来 let us であり，これも命令法です．

(12) a. Let us cling together as the years go by.［邦題「手を取り合って」

　の歌詞〕

　b.　Let us（be）alone.

これが縮約されて let's 構文ができました．付加疑問文は shall we? に限られます．

（13）a.　Let's go on a trip, shall we?

　　　b.　Let's be more practical, shall we?

否定文は（14a）が一般的ですが，複数の英和辞典によれば，イギリス英語では（14b）の don't let's，アメリカ英語では（14c）の let's don't も用いられます．

（14）a.　Let's not buy that car.

　　　b.　Don't let's buy that car.

　　　c.　Let's don't buy that car.

6.1.3　命令法における助動詞 do

5.2.1 節で，昔の英語では今ほど助動詞 do は使われず，本動詞自体が前に出ていたと述べました．（15）は 72 頁の（38a）を再掲します．

（15）　*Went you* not to her yesterday, sir, as you told me you had appointed?

（Shakespeare（1600）*The Merry Wives of Windsor,* V.i.14–15）

実は命令法でも，本動詞や be 動詞が主語の前に出る倒置の語順が用いられていた時代がありました（（16）は Ukaji（1978: 15, 22））．

（16）a.　*Buy thou* the cottage, pasture and the flock, ….

（Shakespeare（1623）*As You Like It*, II.iv.92）

　　　b.　*Be thou* removed, and *be thou* cast into the Sea.

（King James Version（1611）*St. Matthew*, xxi.21）

否定の命令法では徐々に do not が使われるようになりました．中村（1994）

によれば，助動詞 do が命令法で一般化したのは 17 世紀であり，定着したのは 1700 年頃ということです．それ以前は (17) のように，古い語順と現代の語順が同時に使われることもありました．((17) は Ukaji (1978: 79))．

(17) a. *Speak not, reply not*, do not answer me; ….

(Shakespeare (1594) *Romeo and Juliet*, III.v.164)

b. Do not say so, Lysander; *say not* so.

(Shakespeare (1599) *As You Like It*, II.iv.92)

be 動詞の場合は，be not という語順が根強く残っていました ((18) も Ukaji (1978: 26))．

(18) *Be not* inconstant, carelesse of your fame,

(Marlow (1586) *Tamburlan the Great*, 4413-14)

けれども英語史上，Ukaji (1978: 88) によれば，1595 年に (19a) の do not be が到来しました．そして Visser (1966: 1519) によれば，(19b) の do be は 1749 年から出現しました．

(19) a. Good Hermia, *do not be* so bitter with me.

(Shakespeare (1595) *Midsummer Night's Dream*, III.ii.306)

b. Come, *do be* a good girl, Sophy.

(Fielding (1749: 286) *Tom Jones*)

かくして助動詞 do と be 動詞の共演が，(標準英語では) 命令法だけで行われるようになりました．そしてこの do は決して活用せず，命令形には does も did もありません．この理由は，「命令法の do が支えるのは現在時制である」[1] と言えば，理論的整合性が保てます．「英語の命令文には時制がない」というのが定説であり (今井・中島 (1978: 28)，宗宮他 (2018: 165-169)，

---

[1] 野村 (2006) に基づいて，「do が支えるのは時制ではなく直説法である」という可能性も示されています (野村 (2023b: 168))．それに準拠すれば，野村説では「命令文の do も命令法を支えている」となるかもしれません．

Potsdam（1998: 4）），そう考えてもよいのですが，実は命令法に欠落しているのは主語との一致であり，時制はあるのだ，（過去時制ではなく）現在時制があるのだと主張することもできます．（Murakami（1992: §2.4）以来，私は30 年以上そう言い張っています．）

　do と be の共起以外では，直説法と命令法の do の使い方は同じです．

　第 1 に，not による否定命令法では，（20）のように do を使わずにいられません．しかし never による否定命令法は，（21）のように do を用いません．

(20) a. *Not give up.
　　 b. 　Don't give up.
(21) a. 　Never give up.
　　 b. *Do never give up.

　第 2 に，（22）のように倒置で主語の前に出ます．（23）はそっくりに見えますが，（23a）が疑問文，（23b）が命令文です．口に出すとイントネーションが違います．[2]

(22) a. 　Don't you mess around with me!
　　 b. 　Don't you be so nasty!
(23) a. 　Don't you help me?
　　 b. 　Don't you help me!

　第 3 に，肯定文の do には必ず強勢があります．けれども do を主語 you とともに用いるのは（25）のように不可であり，この理由は，肯定の命令法に you が付くとぞんざいな口調になることと，強調の do の相手におもねる感じが矛盾するからではないかと Bolinger（1977: 155）は述べています．

(24) a. 　Dó come to our new house.
　　 b. 　Treat me! Dó be generous.
(25) a. *Dó you be generous.

---

　[2] Potsdam（2007）は（23）の対を出発点として，疑問文と命令文は統語的に同じ構造をしており，助動詞 do はそのどちらでも同じ位置にあると論じています．

b. *You dó be generous.

ここまで，命令法の統語的特徴を解説してきました．次は語用論的特徴に目を向けてみましょう．

6.1.4 命令法の制御性

命令は原則として実現可能だから発せられるのであって，聞き手が自分にコントロールできないことを命令することはできません．自分の意志ではどうにもならないことは命令されてもできないので，以下は非文です．

(26) a. *Be tall.

b. *Know the answer.

c. *Resemble your father.

関連して進行相・完了相の命令法は，現時点への命令になるので奇妙です．

(27) a. *Be playing the piano now.

b. *Have finished playing the piano.

(28) のように未来の時点を決めれば OK という例もありますが，めったに使われません．とりわけ (28b) のような完了相の命令法は，イギリス人には許容する人もいますがアメリカ人には不評です．しかし Davies (1986: 16) は (28b) の類例を容認しています．

(28) a.　Be cooking dinner when I come home.

b. (*) Don't have eaten the cake before I come back.

受け身の命令法は使われるのですが，(29) は実は話し手や書き手が能動的にお知らせするビジネス表現であり，否定の (30) には，されないように自分で気を付ける制御性が入ってきます．

(29) a.　Be informed that no tuition will be refunded for any reason whatsoever.

b.　Please be reminded that this discount rate is subject to change without notification.

(30) a. Don't be misled by appearances.

　　b. Don't be deceived by that swindler.

　　c. Don't be discouraged by their attitude.

6.1.5 条件を表す命令法

「命令文, and ....」は「〜しなさい, そうすれば ...」,「命令文, or ....」は「〜しなさい, さもないと ...」という, 命令とその帰結を組み合わせています. その命令の意味が薄まって, 条件を表す用法があります. 高橋 (2017: 123) が論じるように, (31a) の疑似命令文は実質的な意味において (31b, c) と同じです.

(31) a. Leave now, and you'll miss a nice dinner.

　　b. Don't leave now; you'll miss a nice dinner.

　　c. If you leave now, you'll miss a nice dinner.

(31a) の話者は, 'Leave now.' を相手に従わせたいのではなく, 望ましくない帰結節を示すことによって, すべきではない条件を示しているのです.

　命令法条件節が導く望ましくない帰結節には, 法助動詞の過去形も用いられます. (32) の例は Davies (1986: 173) が挙げており, (31) と同様, 実際には命令しておらず実現しないことを願っています. 一方, (33) の例では, 命令文が実際に禁止しています.

(32) a. Catch a cold, and you could end up with pneumonia.

　　b. Tell them the truth, and who would believe you?

(33) a. Don't visit them too early, or they won't/wouldn't be ready.

　　b. Don't smoke in bed, or you might cause a fire.

以上のように命令法は, 単純そうでいて複雑であり, 簡単そうに見えて奥が深い, 実に興味の尽きない構文だと思われます.

92

6.2 仮定法原形

6.2.1 that 節内の仮定法原形

　命令法と同様に動詞の原形を用いて命令的な意味を表す構文が，英語の法にはもう一つあります．主張や提案を表す動詞・名詞・形容詞が導く that 節の中で，動詞の原形がよく用いられるのです．(34a) では命令的な意味がない know が導く that 節では原形は不適格ですが，(34b) のように命令的な意味の主節動詞に替われば，3 人称単数の主語に対して 3 単現の -(e)s が that 節内の動詞から欠落することができます．

(34) a.　I know that the student goes/*go to school regularly.

　　 b.　I demand that the student go to school regularly.[3]

この構文は一般に**仮定法現在** (present subjunctive) と呼ばれ，古英語時代 (700-1100 年) では仮定法現在独自の動詞形態が存在していましたが今では原形なので，本書では渡辺 (1989) にならって「**仮定法原形**」(bare subjunctive) と称することにします．

　仮定法原形については細江 (1973)，Chiba (1987)，Nomura (2006)，千葉 (2013) が詳細に研究しており，ここで簡潔に記述すると 4 つの主な特徴があります (Murakami (1992: Ch. 1)；村上 (2019; 2020))．

　第 1 の特徴は，例えば (34b) の主節を過去時制にしても，(35a) のように仮定法原形は時制の一致をしません．(35b) でも命令的な意味を伝えられるのですが，この語形 went は直説法過去時制であり仮定法原形ではありません．[4]

---

[3]　従属節に法助動詞 should や must を (まるで挿入するように) 用いる表現もあります．

　(i)　I demand that the student should/must go to school regularly.

しかし Peters (1983: 79) は，これでは行動ではなく義務に力点が置かれ，仮定法原形の持つ緊迫感がそがれてしまうと述べています．

[4]　(35) の対に解釈上の違いがあるのかという質問を匿名の査読者から受けました．ほとんどないと言えましょう．理由は demand という動詞がかなり強く迫るので，従位節が仮定法原形でなくても命令の意味が伝わるからです．けれども規範的には原形を使うのがおすすめです．

(35) a.　I demanded that the student go to school regularly.

　　 b.　I demanded that the student went to school regularly.

仮定法原形の be に対しては，仮定法過去の were に時制の一致をしそうで
すが，(36b) が示すようにこの予想は正しくありません.

(36) a.　The boss is urging that the meeting be postponed.

　　 b.　The boss was urging that the meeting be/*were postponed.

　第 2 の特徴は，助動詞 do が挿入されないことです. Bolinger (1977:
189) は，do を入れた (37) を 'emphatic orders' として掲げていましたが，
周囲の母語話者によれば非文です.

(37) a.　I insist that he (*do) take the medicine.

　　 b.　I insist that she (*do) not take the medicine.

たとえ -es が付かなくても助動詞 do は主語と本動詞の間に入れないのです.
助動詞 do が時制を支えるとすれば，仮定法「現在」に現在時制があるとす
る Chiba (1987) の主張には無理があり，Chiba (1994) では時制はないと
宗旨替えしています.
　なお，主語が 3 人称単数でなければ，助動詞 do を用いた (38) も可能です.

(38) a.　It is important that you do follow your doctor's advice.

　　 b.　People recommend that I do not go there alone.

しかしながら (38) の that 節は助動詞 do が常に定形であり時制を支えると
すれば，これまた仮定法原形とは言えず直説法現在時制なのです. ただし，
本動詞 do の場合は，もちろん (39) のように問題なく仮定法原形をとるこ
とができます.

(39)　Her doctor advised that she *do* more exercise.

　第 3 の特徴は，be 動詞の否定文の語順についてです. 直説法では I am
not, you are not 等のように否定辞は be 動詞の後に来ますが，仮定法原形

94

では語順が be not ではなく not be になります。仮定法原形は伝統的に定形であると見なされてきたけれども，定形性が弱いと思われるゆえんでもあります．

(40) a. I suggest that you not be too generous.

b. *I suggest that you be not too generous.

(41) a. He agreed to publish his opinion on the condition that he not be named.

b. *He agreed to publish his opinion on the condition that he be not named.

最後に第 4 の特徴は，直説法の that とは違って，仮定法原形節では**補文標識**[5] (complementizer) の that を省略しにくいことです（千葉 (1995) 参照）．[6] ただしこれは時代や方言差や個人差，仮定法を導く語句によっても差異が認められ，Murakami (1992: 11) の調査では，次のような段階を持つ文法性が見られました．∅ は，そこに何もないことを表しています．

(42) a. I insisted that/∅ he take the medicine.

b. I recommend that/?∅ he take the medicine.

c. It is necessary that/?*∅ he take the medicine.

d. I asked that/*∅ he take the medicine.

以上が現代英語の that 節における仮定法原形の特徴ですが，歴史的にはこの構文は大きな変貌を遂げています．古い英語では第 3 の特徴はなく，be not が正しい語順であり，(43b) のように本動詞さえ not の前に出てい

---

[5] 補文標識は学校文法では「名詞節を導く従位接続詞」とされているものですが，交通標識が「この先行き止まり」などと示すように，「ここから先は節」であると示します．**節** (clause) とは主語と述語がそろった文に相当するものです．英語の補文標識は that, if, whether の三つです．

[6] 補文標識の that は，主節の動詞が直説法の文を導く場合は比較的省略されやすく，次の例のように入れない方が自然な文も多いです．

(i) Everybody says my cousin resembles my mother more than I do.

(ii) Melinda thought she looked very tired in the mirror.

ました. Visser (1966: 837, 829) の収録した例を挙げます.

(43) a. Pray God he *be not* angry.

(Shakespeare (1613) *King Henry VIII*, II.ii.63)

b. Beware thou that thou *bring not* my son thither again.

(*King James Version* (1611), Genesis 24:6)

しかも語順が be not の時代は, (43a) のように補文標識 that が現代よりも頻繁に省略されていました (Murakami (2000)). ということは, 古い英語には第 4 の特徴もなかったことになります.

6.2.2 that 節以外の仮定法原形

仮定法は古くは使用範囲が広く, 命令の意味がない after, before, if, though, till, unless, whether 等, 多くの従属節で使われていました. 千葉 (2013: 148) が引く欽定訳聖書の例を挙げます.

(44) a. Though he *fall*, he shall not be utterly cast down.

(*King James Version* (1611), Psalms 37:24)

b. And Samuel said unto Jesse, Send and fetch him: for we will not sit down till he *come* hither.

(*King James Version* (1611), I Samuel 16:11)

これらの従属節での原形は, 心的態度としては次節で述べる仮定法過去に通じる想像性を表しており, これから起こりうる事象を心の中で思い描いています. しかし (44) は現代英語では非文であり, 3 単現の -(e)s を付けなければなりません.

頻度は少ないですが, 従属節で仮定法原形が生産的に用いられるのは lest 節です.

(45) a. Let's burn that document lest it *cause* any trouble.

b. I hid myself in the closet lest she *find* me.

滝沢 (2020) はコーパス調査に基づいて, lest we/you/anyone forget とい

う定型表現では頻度が高いと述べています．(46) は滝沢 (2020: 23) が引用した例です．

(46) a. And lest we forget, the US also won medals in nine of the 10 Olympic sailing events this week. (COCA: spoken)

b. "The customer is boss," he stated several times during his presentation, lest anyone forget. (COCA: magazine)

仮定法の that 節における命令的な主張と，lest 節の「そうならないように」と回避する希求は，心的態度として相反するように思えます．しかし Peters (1987: 32) は，この原形はよくないことが起きそうな不安を効果的に表しており，きわめて適切であると擁護しています．

　主節では，現代に残る慣用的な定型表現として仮定法原形を使うことがあります．

(47) a. God forbid.

b. God save the King.

c. Grammar be damned.

(47) は祈願文とも呼ばれ，現代英語では化石のように用いられる仮定法で，生産性がありません．[7]

　次の (48a) は本動詞が倒置し，主語の前に出て化石化した唯一の例です．直説法では (48b) になります．

(48) a. Suffice it to say (that) all is well that ends well.

b. It suffices to say (that) all is well that ends well.

以上に述べてきたように，英語の歴史的変化は直説法よりも仮定法において劇的であったと言えます．

---

[7] 生産性のある祈願文を作るには，may を用いて倒置にします．

(i) May the war cease.

(ii) May your mother rest in peace.

6.3 仮定法過去

多くの研究者 (Perkins (1983), Leech (1987; 2004) 等) が同様に述べる中で，私の知る限り最も古くは Joos (1964) の *The English Verb—Form and Meanings* という本が，過去形の根源的な意味は remoteness であると唱えています．この卓見には，Huddleston (1984: 148) による "more and more general, with less and less content" という文言以外，批判は見当たりそうにありません．

remoteness とは，遠隔・へだたりという意味です．読者のみなさんは，過去の事実を表す過去形がなぜ仮定法では事実に反することを表すのにも使われるのだろうと不思議に思ったことはありませんか．実際，語形が異なるのは be 動詞の 1 人称と 3 人称単数だけで，他の動詞は直説法も仮定法も過去形はまったく同一です．

表 6：be 動詞と本動詞の過去時制

	直説法過去		仮定法過去	
	be	walk	be	walk
1 人称単数	was	walked	were	walked
2 人称単数	were	walked	were	walked
3 人称単数	was	walked	were	walked
1/2/3 人称複数	were	walked	were	walked

英語の直説法と仮定法はなぜここまで過去形を共有しているのでしょうか．まずは，この実話を考えてみましょう．

My family had kept a little white dog before.

⇒ 過去完了，過去の事実

His name was Jank.　⇒ 過去形，過去の事実

He was so cute that we loved him very much.　⇒ 過去形，過去の事実

But he died some twenty years ago.　⇒ 過去形，過去の事実

I wish he were still alive.　⇒ 仮定法過去，反事実

If he were here now, I would cuddle him, walk him, and play with him again.　⇒ 仮定法過去，反事実

事実か否かにかかわらず，これらの過去形に共通しているものは何でしょうか．それは「頭の中で思い描いている」という遠い憧憬です．目の前にはないことを想像して懐かしがっているのです．これを Joos (1964: 121-123) は，過去の事実は現在から遠い，そして反事実は現実から隔たっている，どちらも remote であると主張しています．

> English has only two tenses: past and non-past. ... The unmarked tense will be called *actual* and the marked one *remote*. The latter name fits the meaning precisely. The modern English remote tense has the categorical meaning that *the referent* (what is specified by the subject-verb partnership) *is absent from that part of the real world where the verb is being spoken.* ... The modern English remote tense has exactly the same form, no matter whether the meaning is unreality or past reality with a single exception; replacement of *was* by *were* when the meaning is unreality.

　仮定法過去の構文は，従位接続詞 if を用いて文を接続し，if 節で仮定，主節でその帰結を表すのが定型です．

　If 主語 過去形 (be 動詞は were) ～，主語 would/should/could/might＋原形 ....
＝「もし～ならば，... であるだろう（に）」

帰結の法助動詞には 5.1 節で述べたそれぞれの意味を伴い，仮定法は原則として反事実の事象を述べます．(49a) は if 節でありえない仮定をしており，(49b) も本人の認識上ありえない仮定をしています．

(49)　a.　If I were you, I would never get close to such a suspicious guy.
　　　b.　I could visit her if I knew the hospital she was in.

しかし仮定法で思い描けるのは反事実だけではありません．事実になるかも
しれないけれど，可能性が低いことを控えめに表現するのに仮定法過去が多
く用いられます．(50) では可能性を低く見て仮定法過去 (50a) で発言する
のが妥当ですが，楽観的な人なら直説法 (50b) で言うこともできます．

(50) a. If you won the lottery, what would you spend the money on?
　　 b. If you win the lottery, what will you spend the money on?

偉人の名言から仮定法過去の例を引きます．(51b) は「はじめに」に引用し
た例文です．

(51) a. What would life be if we had no courage to attempt anything.

　　　　　　　　　　　　　　　　　　　　(Vincent van Gogh (1853 -1890))

　　 b. Live as if you were to die tomorrow.　Learn as if you were to
　　　　 live forever.　　　　　　　　　　(Mahatma Gandhi (1869–1948))

　　 c. We could never learn to be brave and patient, if there were
　　　　 only joy in the world.　　　　　　(Helen Keller (1880–1958))

(51b) のような were to は，柏野 (2012: 139) によれば「仮に」と訳すべき
空想を表す語法で，実現可能性がゼロであるか極めて低い場合に，現実味の
なさを強調しています．なお，帰結節は仮定法過去でない ((51b) では命令
法) ことも多くあります (女鹿 (2019) 参照)．

　仮定法過去には，(51b) の were to や as if (as though でもよい) もそう
ですが，いくつかの慣用表現があります．(52) は「もし〜がなければ」と
いう慣用表現です．

(52) If it weren't/were not for this religion, my life would not be
　　 worth living.

(53) も同じ意味で，(52) よりも簡便な表現になります．このように if 節
を用いない仮定法過去の文も多くあります．

(53) a. But for this religion, my life would not be worth living.

  b. Without this religion, my life would not be worth living.

次は I wish ～ によって，実現しそうもない願望を表す慣用表現です．

 (54) a. I wish I were a millionaire.

   b. I wish this semester ended next week.

牧（監修）（2020: 106）は，(55a) は (54b) と違って事態が確定していないから用いられず，そういう不確定な場合は (55b) を用いると指摘しています．(55c) だともうあきらめている感があります．

 (55) a. *I wish you passed your test next week.

   b. I hope you (will) pass your test next week.

   c. I wish you could pass your test next week.

さらに it is time ～ の慣用表現です．強意の high や弱意の about が付くことも多くあります．

 (56) a. It's high time you went to bed.

   b. It's about time she got promoted to professor.

 最後に仮定法過去の倒置について言及しておきます．if 節の中の were と should（次節の had も）は，if を押しのけて文頭に出ることができます．ただし (52) のように否定文の場合，not は引き連れません (Declerck (1991: 430))．(52) を倒置すると (57a) になります．

 (57) a. Were it not for this religion, my life would not be worth living.

   b. *Weren't it for this religion, my life would not be worth living.

大西（2019: 56）は「倒置は『感情の高揚』を表す形」として，次の口語体の2例を挙げています．

 (58) a. Were I your boyfriend, I would treat you better.

   b. Should you arrive before me, just wait, OK?

should については 5.1.5 節，仮定法倒置については村上（2021）も参照してください．

仮定法過去は時間的に現在や未来の状況を表しているので，概して前向きな内容が多く，名言の (51) はその最たるものと言えます．次節では，翻って後ろ向きの仮定法過去完了を見ていきましょう．

6.4 仮定法過去完了

仮定法過去完了も，従位接続詞 if を用いて文を接続し，if 節で仮定，主節でその帰結を表すのが定型です．ただし，if 節は過去完了，帰結節も法助動詞の完了相になります．[8]

If 主語 had + EN 形 〜，主語 would/should/could/might have + EN 形 ....

＝「もし〜していたら，... であっただろう（に）」

仮定法過去は「現実」と隔たりを置くだけですが，仮定法過去完了には「現実」と「現在」から隔たる 2 段階の隔たりがあります．したがって控えめや遠慮というよりも，if 節が導くのは反事実であり，肯定文では取り返しのつかないことを悔やむ文脈で用いられます．

(59) a. If I had studied much harder, I could have entered another university.

b. If she had consulted the doctor earlier, she might have recovered sooner.

c. If the elderly man had returned his driving license, he would have avoided that accident.

---

[8] 帰結の状態が現在にも及んでいる場合，if 節が過去完了でも帰結節は完了相にならず，仮定法過去の帰結節（would + 原形）となります．

(i) If I hadn't met that teacher, I wouldn't be what I am now.

(59) はいずれも過去において「〜すればよかったのに，しなかった」のであり，その結果よくないことが起きたと後悔しています．逆に (60) の否定文では，「やれやれ，〜してよかった」と，安堵しながら過去を振り返っています．

(60) a. We would have been in trouble if you hadn't noticed the miscalculation.

b. If I hadn't found the tumor then, it couldn't have been safely removed in time.

前節の最後で仮定法倒置を見たように，助動詞の had も倒置ができます．

(61) a. Had she consulted the doctor earlier, she might have recovered soon.

b. We would have been in trouble had you not noticed the miscalculation.

仮定法過去完了の慣用表現としては，if it were not for 〜 の過去完了版 (62) と，I wish に後続する過去完了 (63) があります．

(62) I could not have completed this work if it had not been for your support.

(63) a. I wish he had kept his promise.

b. I wish I hadn't said such a thing.

仮定法過去・過去完了については，多岐川 (2000)，西田 (2003)，向井 (2005)，関 (2020) 等，例文豊富で読みやすい本が多く出ています．

　本章では命令法と仮定法をやや詳しく述べてきました．仮定法は心的態度において直説法と対峙しており，前者はとりわけ仮定法過去・過去完了で事象を想像する動詞形態を用いて述べる一方，後者は事象を事実として述べる動詞形態を用いています．細江 (1973) が 100 年ほど前に直説法を「叙実法」，仮定法を「叙想法」と名付けたのは正に言い得たものであり，これらの名称が日本の英語教育界に定着しなかったことを惜しむ研究者は，私を含

めて少なくありません.

　本章の最後に，これまでに見てきた定形動詞の構文を俯瞰的に掲げておき
ます.

英語の定形動詞の体系

時制
- 現在時制　3 単現 -(e)s　　　John loves Mary.
- 過去時制　-ed　　　　　　　John loved Mary.

相
- 進行相　be + ING 形　　　　Mary is reading a book.
- 完了相　have + EN 形　　　Mary has read the book.
- 完了相 + 進行相
  - have been ING 形　　　Mary has been reading the book for an hour.

態
- 能動態　　　　　　　　　　John consoled Mary.
- 受動態　be + EN 形　　　　Mary was consoled by John.
- 進行相 + 受動態
  - be being EN 形　　　　Mary is being consoled by John.
- 完了相 + 受動態
  - have been EN 形　　　Mary has been consoled by John.
- 完了相 + 進行相 + 受動態
  - have been being EN 形　Mary had been being consoled by John.

法
- 直説法　　　　　　　　　　If John comes to my house, I'll welcome him.
- 命令法　　　　　　　　　　(Don't) Come to my house.
- 仮定法
  - 仮定法原形　　　　　　I asked that he (not) come to my house.
  - 仮定法過去　　　　　　If John came to my house, I'd welcome him.
  - 仮定法過去完了　　　　If John had come to my house, I would have welcomed him.

練習問題

1. 空欄をそれぞれ1語で補充した上で和訳しなさい.

(a) (　) walk while texting.[9]

(b) If I (　) in your position, I would not accept the offer.

(c) If it (　) rain tomorrow, the game would be cancelled.

(d) She couldn't (　) survived if the doctor (　) overlooked her subtle symptom.

(e) Thank you for double-checking the contract. (　), we would have lost the big deal.

(f) I carefully chose my words (　) I offend my teacher.

2. 空欄を be 動詞の活用形で埋めなさい. 同じ語形は2度使わないこと.

Naomi (　) a university student like I (　). She had (　) living in Los Angeles in her high school days, so she speaks English fluently. I wish I (　) like her. She says, however, when she (　) in LA, she couldn't make herself understood very well. But her motto is "Don't worry. (　) happy!"

3. 仮定法原形を用いて英作文しなさい. ただし (d) と (f) は「～に」の人を that 節の主語にすること.

(a) 私たちは死を恐れすぎないことが重要です.

(b) その司書は, 学生たちはみなリンカーンの伝記を読むようにすすめた.

(c) その教授は, 助手がすぐにコピーをとるように要請した.

---

[9] どこかの駅で見かけた掲示です. なるほど, あれはこう言うのですね.

(d)　彼女はボーイフレンドに，私にもっと親切にしてよと頼んだ．

(e)　彼は，そこに一人で行かないほうがいいという私の助言を無視した．

(f)　百恵はその男に，その女(ひと)と私のどちらか選べと詰め寄った．

4.　次の2文では，that 節内が (a) では仮定法，(b) では直説法です．(a) と (b) の意味の違いがはっきりわかるように和訳しなさい．

(a)　His teacher insists that he go to school regularly.

(b)　His mother insists that he goes to school regularly.

5.　仮定法過去・過去完了を用いて英作文しなさい．

(a)　宝くじで100万円当たったら，次の学費が自分で支払えるのになぁ．

(b)　もしあの社長が居座り続けたら，この会社は倒産しかねないね．

(c)　もし両親が健在ならば，今の私を見て驚くかもしれない．

(d)　私は生まれ変わりあなたの母になって，あなたを守りたいのです．

(e)　もしもピアノが弾けたなら，演奏してあなたへの愛を伝えられるのに．

(f)　今朝寝坊をしなかったなら，あのバスに間に合ったのに．

(g)　もしあの日に外出しなかったなら，あんな災難に遭うことはなかっただろう．

(h)　もし一夫一婦制がなければ，人は自由になるが社会は混沌とするであろう．

(i)　上皇が自らの意思で退位しなければ，平成時代はもっと長く続いていたであろう．

(j)　黒柳徹子は大谷翔平に，もしピッチャーのご自分がバッターのご自分に向かって投げたとしたら，どちらが勝つと思われますかとたずねた．[10]

---

[10]　このような場合にあれを使います．これはテレビ朝日の長寿番組『徹子の部屋』の一コマで，当時日本ハムの大谷選手は，たぶんピッチャーと答えていました．

> **コラム**

should have＋EN 形の二つの意味

　5.1.1 節で述べたように，法助動詞は根源的意味と認識的意味の 2 種類の意味を持っています．たとえば should の 2 通りの意味は次のようになります．

根源的意味	認識的意味
〜するとよい（義務・推奨） 例：You should go now.	〜であろう・はずだ（当然性・想像性） 例：That should be better.

それゆえ法助動詞を完了相で用いた場合も，可能性としてこの 2 種類の意味が浮上することになります．

　では，"I should have told you" という台詞で二つの文脈を考えてみましょう．

Situation 1:　I made that mistake, but I concealed it.　Sorry, I should have told you.　(I would have told you if I had known this would cause such trouble.)
　　　　　　⇒ 言うべきだったのに言わなかった
　　　　　　〔根源的意味の仮定法過去完了〕

この状況は，話者は「言わなくて済みませんでした」と詫びています．当該構文は，6.4 節で述べた仮定法過去完了の帰結になります．

Situation 2:　Why didn't you bring that photo album to this party?　I should have told you (to bring it when we spoke) last week.
　　　　　　⇒ 言ったはずです（忘れたの？）
　　　　　　〔認識的意味の法助動詞の完了相〕

この状況は「言いましたよね」と確認している，あるいはちょっと文句を言っている場面です．構文的には 5.1.9 節で述べた法助動詞の完了相になります．

　驚くべきことには，Situation 1 では「言わなかった」のが事実であり，Situation 2 では「言った」のが事実であるという，同じ台詞で真逆の認識を

話し手が抱いていることになります．この違いを感じ取るにはかなり高度な英語力が求められますが，文脈が助けてくれるので，読者のみなさんも解釈できるようになればと願っています．

　これに関連して思い出すことがあります．かつて私は県立大学に勤めており，そこでは海外からの文書には，県庁の翻訳課が日本語訳を付けてくれておりました．たいてい私は元の英文を読んでいましたが，あるとき「She should have＋EN 形」の構文で「彼女は当然〜しました」と解釈するのが正しい文脈に遭遇しました．この部分を県庁の人がどう訳しているか見たい衝動に駆られて突き止めてみると……「彼女は〜すべきだったのにしなかった」のように訳されていました．やっぱりこの構文は，県庁翻訳課でさえ間違えるほど難しいのかと思わされる出来事でした．

　さらに翻訳に関して思い起こされるのは，竹林滋先生（1926-2011）の授業の一コマです．東京外国語大学 3 年次の「音声学演習」で用いられていた英文テキストで，私が担当箇所の一部 “… not happily translated …” を「喜ばしくは …」と訳しかけると，「あ，そこは『その本は翻訳がまずかった』という意味だ，happy translation で『名訳』って意味だからね」と直されたのです．「きみ英米科だろ？」―竹林先生は，何語の専攻でも取れるこのクラスで，英米語学科の学生が間違えると ‘いじる’ 癖がありました．私は内心，happy translation は知ってたけれどと思いながら「はい …」と答えるのがやっとでした．しかし先生は，「人の誤訳を指摘するのは，その人の半分以下の語学力でできると言った先生が昔いたけれど，その通りだと思うけどね」と，フォローしてくださいました．

　この発言に深くうなずいたのもさることながら，“not happily translated” の部分を私に「うまく訳せなかった」とは，笑い話のようです．（あの時，「じゃあ竹林先生の英語力は私の半分以下なんですね」と言い返す勇気はありませんでした）

第7章 ING形とEN形による修飾

　第3章と第4章で見たように，ING形とEN形は助動詞と組み合わさって相や態を表す動詞句を構成します．

> 進行相： be＋ING形
> 完了相： have＋EN形
> 受動態： be＋EN形

この章では主に，助動詞と組まれては使われない ING 形と EN 形のふるまいを見ていきましょう．ING 形と EN 形（いわゆる現在分詞と過去分詞）が，名詞や文を修飾する用法です．

7.1　1語による名詞修飾

　ING 形と EN 形は，1語の場合は前から名詞を修飾します．

(1) a.　Look at that *dancing* girl.

　　b.　I don't sympathize with those *arrested* people.

(1b) の EN 形は受け身の意味ですが，4.1.1 節で見たように他動詞でなければ受動態になりません．したがって，自動詞の EN 形は，(2b) (3b) のように完了の意味になります．

(2) a.　*falling* leaves　＝　ひらひら舞い落ちる落ち葉

　　b.　*fallen* leaves　＝　地面等に落ちた落ち葉

(3) a.　*developing* countries　=　開発途上国

　　 b.　*developed* countries　=　開発を遂げた国（先進国）

4.2.1 節で述べたように EN 形は形容詞との融合ないし兼ね合いが生じることがあり，1 語による前からの名詞修飾ではますます形容詞として感じられます．

(4) a.　The *frightened* girl ran to her mother.

　　 b.　There are many *excited* people there.

ING 形の場合は，(5) のように完全に形容詞化したものが多いです．

(5) a.　That was a *frightening* scene.

　　 b.　That was not an *exciting* movie, but it was entertaining enough.

例外的に，1 語でも EN 形が後ろから修飾することがあります．[1]

(6) a.　the people *involved*

　　 b.　the data *surveyed*

これらの名詞句が文中に現れた例を挙げます．

(7) a.　The police officers asked many questions to [the people involved].

　　 b.　[The data surveyed] shows that even monkeys fall off trees.

上の (7a) の解釈は比較的迷いませんが，(7b) では the data が S, surveyed が V で主語と述語の関係だと早合点しがちです（115 頁の例文 (29)–(31) の解説を参照）．しかし (7) では [　] 内に示した全体が名詞句であり，

---

[1] 形容詞も後ろから修飾することがあるのと同様であり，この用法は後置される EN 形や形容詞に一時的，一過性という意味を含んでいることも共通しています．

(i)　the students *present*

(ii)　no room *available*

(7b) は shows が述語動詞なのです．解釈の決め手は，EN 形は自動詞の過去形ではなく，「〜される」という受け身の意味であるところです．

　なお，EN 形や ING 形に副詞が前置修飾すると，副詞を含めて 2 語であっても前から名詞を修飾します．

(8)　a.　Some people cannot keep up with the *rapidly changing* world.

　　b.　There were many *badly injured* soldiers on the battlefield.

　　c.　Multilingualism is a *widely known* phenomenon.

(8b, c) のように，これは EN 形によく見られる用法です．

7.2　2 語以上による名詞修飾

7.2.1　名詞を修飾する ING 形

　ここでは 2 語以上から成る ING 形の動詞句が後ろから名詞を修飾する言語事象を，便宜上，段階を追って説明します．

(9)　a.　That boy is Koji.

　　b.　He is playing the street piano.

(9) における that boy と he が同一人物ならば，関係代名詞を使って (10) のように文を接続することができます．

(10)　　[That boy who is playing the street piano] is Koji.

(10) の主語は長いけれど，[　] 内の全部です．そして，一つの理由は長いから，もう一つの理由はなくても同じ意味だから，この中の「主格の関係代名詞 + 定形 be 動詞」は，削除することができます．[2]

---

　[2] 第 3 章のコラムで述べたように状態動詞は進行相になりませんので (i) は非文であり，(ii) が適格です．けれども (iii) のように ING 形による修飾を受けます．

　(i)　*The ancient house which is standing on that hill is Matsuyama Castle.

　(ii)　The ancient house which stands on that hill is Matsuyama Castle.

　(iii)　The ancient house standing on that hill is Matsuyama Castle.

(11)　[That boy ~~who is~~ playing the street piano] is Koji.

関係代名詞の主格には，who/which/that の 3 種類があり，それらの使い分けは本書では触れませんが，who と同様に，which/that も (12) のように削除されます．

(12) a.　There are many sheep [~~which are~~ grazing peacefully in the field].

　　 b.　Who is [the boy ~~that is~~ playing the street piano over there]?

けれども (12) の削除部分は，(13) のように最初からない場合も多くあります．

(13) a.　There are [many sheep grazing peacefully in the field].

　　 b.　Who is [the boy playing the street piano over there]?

この場合，削除された箇所をその都度復活させずに解釈するほうが効率がよいというものです．そのためには ING 形が他の語句を引き連れて後ろから名詞句を修飾していると考えればよく，公式は枠内であり，(13) をこれに当てはめると (14) になります．

> 「名詞句　〜 ING　…（その他の語句）」　=　「… 〜している名詞句」

　　　　　　　名詞句　　　　〜 ING　　…（その他の語句）
(14) a.　many sheep　grazing　peacefully in the field
　　 b.　the boy　　　playing　the street piano over there

「…（その他の語句）」の部分は，原則として必ずなければなりません．なぜなら ING 形 1 語だと，前節で見たように，後ろからではなく前から修飾す

ということは，(i) から which is を削除して (iii) を生成するという論法は実は正しくはなく，(iii) は最初から ING 形が隣接して名詞句を修飾していると言えます．が，ここでは説明するための方便として，削除する過程を利用しています．

るためです.

(15) a. Look at that *dancing* girl.（＝(1a)）

　　 b. Who is that girl *dancing on the stage*?

(15b) のように，ING 形が on the stage を引き連れれば後置修飾になります.[3]

7.2.2　名詞を修飾する EN 形

EN 形は，完了相と受動態の双方で用いられます. しかし EN 形を含んだ 2 語以上の動詞句による名詞修飾では，完了相で用いられることはありません. なぜなら完了相の助動詞は have であり，省略されうるのは「関係代名詞と定形の be」であって，「関係代名詞と定形の have」ではないからです.

(16) a. The big bear which had killed a few people was shot dead at last.

　　 b. *The big bear ~~which had~~ killed a few people was shot dead at last.[4]

というわけで，後ろから修飾する EN 形の意味は，受け身の「〜されている，〜された」であり，完了の意味ではないということになります.（17b）(18b) のように，関係代名詞＋定形 be 動詞ならば，削除されて適格な文になります.

(17) a. That is the cherry tree that was donated to this school by graduates.

---

[3] ただし安藤 (2021: 380) は，ING 形が 1 語でも修飾先の名詞が「恒久的な特徴」でなく「一時的な状態」ならば後置されると指摘しています.

　(i)　The people singing were students.

[4] (16a) は関係節の前後にカンマを付けるのが自然だという指摘を受けましたが (Jacob Schnickel 氏，私信，2024)，説明の便宜上付けないでおきます. なお (16b) は，完了相の ING 形を用いて (i) にするならば適格となります (7.3.2 節参照).

　(i)　The big bear having killed a few people was shot dead at last.

  b. That is [the cherry tree ~~that was~~ donated to this school by
   graduates].

(18) a. The man who was killed in the traffic accident turned out to
   be my friend.

  b. [The man ~~who was~~ killed in the traffic accident] turned out to
   be my friend.

そしてこの場合も，(17) that was，(18) who was が最初からないなら
ば，EN 形が後ろから名詞句を修飾していると考えればよいのです．公式は
枠内になります．

  「名詞句　〜EN　…（その他の語句)[by 誰それ/何々]」

=　「[誰それ/何々によって]　…　〜された/されている　名詞句」

     名詞句　　　　　〜EN　　…（その他の語句)　　by 誰それ/何々

(19) a. the cherry tree donated to this school by graduates

  b. the man   killed in the traffic accident

[by 誰それ/何々] は (17b)(19a) のように付いていることもありますが,
付いてないことも多くあります．その場合「…（その他の語句)」は欠かせ
ません．逆に「…（その他の語句)」が存在しなければ，[by 誰それ/何々]
は必須です．なぜなら原則として，EN 形は 1 語では後ろから名詞句を修飾
しないからです．実は前から 1 語で名詞を修飾できる EN 形も限られてお
り，短い EN 形は (20b) のように前置修飾することもできません．

(20) a. *The man killed is my friend.

  b. *The killed man is my friend.

2 音節の EN 形を前から付ければ，(21a) のように適格になります．ある
いは 1 音節の EN 形でも副詞を含めて長ければ，7.1 節の最後で見た (21b)
のように前置修飾して適格です．

(21) a. The murdered man is my friend.

　　 b. Multilingualism is a widely known phenomenon.　(＝(8c))

厳密には前置する EN 形が単に長いか短いかではなく，情報量に基づいているようです．安井・安井 (2022: 649-650) はさらに次のような例を挙げています．

(22) a. a captured bird

　　 b. *a caught bird

(23) a. an elected official

　　 b. *a chosen official

(24) a. the devoured food

　　 b. *the eaten food

(25) a. the purchased car

　　 b. *the bought car

上は 1 語による前置修飾の例，下は副詞の付いた 2 語による前置修飾の例です．

(26) a. *a killed man

　　 b. a tragically killed man

(27) a. *a roofed house

　　 b. a red roofed house

(28) a. *a born baby

　　 b. a newly born baby

これらの例を見ると，動詞の意味内容に何らかの副詞的意味内容が加わって，分類的情報が豊かになった場合に限り，EN 形の前置による修飾が容認されると考えられると安井・安井 (2022) は述べています．[5]

---

[5] 保坂道雄氏（私信，2024）に指摘されましたが，a born musician（生まれながらの音楽家），paid vacation（有給休暇）等のように，短くても 1 語で前置修飾する例は慣用的でもあり 1 語でも意味内容が濃いと言えそうです．

　後置修飾に話を戻すと，EN 形を含んだ動詞句による後置修飾での注意点は，多くの EN 形は過去形と同形なので，文頭の短い名詞句が主語，次に来る動詞が述語動詞だと早合点してしまうことです．(18b) の削除を受けた (29) を考えてみましょう．

　(29)　[The man killed in the traffic accident] turned out to be my friend.

この文を，「その男は殺した …」と訳し始めると後が続きません．そもそも kill は他動詞であり目的語を取りますが，「サレル人」が kill の後に見当たらないからです．(29) では [　] 内全部が主語なので，killed から accident までを先に訳して the man につなげる必要があります．その解釈の決め手となるのが killed は（自動詞の過去形ではなく）他動詞の受け身の意味の EN 形であるということです．[6] そして (29) の述語動詞は，killed の先にある turned なのです．

　このような早合点を利用して人を惑わせる仕組みに，garden path sentence「袋小路文」と呼ばれる文があります．Bever (1970: 316) による例文 (30) が最も有名です．

　(30)　The horse raced past the barn fell.

耳で聞いていると，「その馬は納屋を越えて疾走した」という解釈で文は終わるはずなのに，最後に fell が追加され，「え？」と思わされます．すると (31) のように再分析が行われ，barn までが主語で fell が述語動詞だったのかと正しく認識されます．

　(31)　[The horse raced past the barn] fell.

英語は過去形と EN 形が同一の語形をしていることが多いので，このような曖昧さが生じますが，最終的に (30) (31) では，raced は過去形ではなく

---

　[6] 分かりにくければ killed の前に who was を復活させて考えればよいでしょう．脚注 2 に記した問題は EN 形の場合には存在しないので，「関係代名詞＋定形 be 動詞」の削除や復活は自由にできると言えます．

116

EN 形であり, 「走らされた」という受け身の意味なのだと合点がいきます.

これまで述べてきたように, EN 形による修飾は, ING 形による修飾よりも分かりにくいのですが, 読みこなし, 使いこなせるようになりましょう. EN 形の前 (副詞がなければ直前) に be 動詞が見当たらないけれども, (自動詞ではなく) 他動詞の受け身の意味だというところがポイントです.

7.3　2 語以上による文修飾

7.3.1　ING 形と EN 形による文修飾の基本型

この 7.3 節ではいわゆる「分詞構文」について解説します. この構文では, 2 語以上の ING 形や EN 形を含む動詞句が文全体を修飾し, 付帯する多様な意味を表すことができます. この多様な意味は, 安藤 (2021: 384–385) のような多くの文法書では「時, 原因・理由, 条件, 譲歩」等に分類され, まるで手詰まりのように最後に「付帯状況」が出てきます. しかし私が提案したいのは「〜しながら, 〜なので, 〜すれば, 〜けれども」のような意味はすべて付帯状況として還元され, 主文にうまく解釈や訳がつなげられればよしとするものです. これを私は「何でも付帯状況」と呼んでいます.

まず, 2 語程度から成る分詞構文には慣用表現が多くあり, ほぼ文頭で用いられます.

(32)　a.　Frankly / Generally / Strictly speaking, ...

　　　b.　Time / Weather permitting, ...　(= If (the) time / weather permits, ...)

　　　c.　Other things being equal, ...

(33)　a.　Put simply, ...　(= To put it simply, ...)

　　　b.　Everything / All things considered, ...

(32) は ING 形の例, (33) は EN 形の例であり, (32b, c) (33b) には主語が付いています.

3 語以上では ING 形 (34) も EN 形 (35) も, 原則として (a) 前 (b) 後ろのどちらからでも文を修飾できます.

(34) a.　Hearing the sad news, Angela began to cry.

　　　b.　Angela began to cry, hearing the sad news.

(35) a.　Encouraged by her family and friends, the timid girl went on the adventure.

　　　b.　The timid girl went on the adventure, encouraged by her family and friends.

ただし出来事の時系列には従わなければなりません．次の文では「銃を見つけた」のは「引き出しを開けた後」ですから，前後は (36) の順序が理にかなっており (37) は変です．[7]

(36) a.　I opened the drawer, finding a revolver inside.

　　　b.　Opening the drawer, I found a revolver inside.

(37) a.　*Finding a revolver inside, I opened the drawer.

　　　b. ?*I found a revolver inside, opening the drawer.

なお，大西・マクベイ (2018: 83) は (38a, b) を比較して，ING 形を前に出したほうがインパクトがあり，躍動感があふれると述べています．

(38) a.　Hunting in the chest for some old photos, Pat came across a treasure map.

　　　b.　Pat came across a treasure map, hunting in the chest for some old photos.

そして第 3 章のコラム「日本語のテイルに惑わされない」においても言及しましたが，大西・マクベイ (2018: 87) は「ing は -ing.『動名詞』も『現在分詞』も『分詞構文』もありません」と機械的な文法用語を否定し，ING 形の生き生きとした躍動感を感じ取ることが重要だと主張しています．

---

[7] Jacob Schnickel 氏（私信，2024）によれば，(37b) は (37a) よりはましだけれど，"I would suggest rewriting this if I came across it in any context." だそうです．なお杉本ゆか氏（私信，2023）から，では (34b) (35b) の時系列はこれでいいのかという質問を受けましたが，知らせや励ましは心に残っているので主節と同時性がありますから大丈夫です．

118

ING 形と EN 形はまた，区切りのよい個所で文の途中にはさむこともでき，(39) のように主語の後ろに来ることが多いです．しかし (39a) のように主語が代名詞ではあまり落ち着きません．(39b, c) のように長めの名詞句か固有名詞の後に ING 形や EN 形を挿入します．

(39) a. ?She, hearing the sad news, began to cry.

b. The elderly woman, hearing the sad news, began to cry.

c. The timid girl / Angela, encouraged by her family and friends, went on the adventure.

これらは 7.2 節で見た後ろからの名詞修飾に似ていますが，ING 形や EN 形の動詞句の前後に十分にポーズ (間) が入ると，やはり文を修飾していることになります．

「分詞構文」は必ずその構文を使わなければならないということはなく，例えば (39b, c) は次のように従属節を用いて書き換えられます．

(40) a. When she heard the sad news, the elderly woman began to cry.

b. As she was encouraged by her family and friends, Angela went on the adventure.

しかし冗長な感は免れず，簡にして要を得られるのは (39b, c) のほうです．ING 形は「やってるやってる」，EN 形は「されている，やられた」というイメージであり，その感覚を主文につなげて解釈できれば，書き換えは不要になります．

7.3.2 ING 形と EN 形による文修飾の変異

脚注 4 の例文で見たように ING 形を含んだ動詞句には完了相があります．当該例文で修飾部分の前後に間があり，書く時には，(カンマ) を入れれば，(名詞修飾ではなく) 文修飾になります．

(41) The big bear, having killed a few people, was shot dead at last.

助動詞 have を ING 形にする完了相には過去性があり，主文よりも以前の出来事を表します．さらに例文を挙げます．

(42) a. Having finished his homework, Billy started playing his favorite online game.

　　 b. Having started to play his favorite game, Billy didn't want to study any more.

EN 形の動詞句を含んだ完了相では，4.3 節で見たように「完了相 ⇒ 受動態」の順序で動詞が連なりますから，受け身の be 動詞も現れます．

(43) a. Having been deceived more than once, Clara doesn't trust him any longer.

　　 b. Having been praised by critics, Diana has confidence in her talent now.

文修飾の ING 形と EN 形には，not をそれぞれの前に付ける否定の分詞構文もあります．

(44) a. Not knowing what to do, Eric sighed deeply.

　　 b. Not satisfied with the results, Fred repeated the experiment time and again.

完了相や進行相の否定分詞構文もありますが，注意点は，定形節では not の位置は「助動詞の後，本動詞の前」であるにもかかわらず，この構文では not が文頭，すなわち次の (a) のように助動詞 having や being の前に来ることです．

(45) a. *Not* having completed his thesis, Glen couldn't graduate this spring.

　　 b. ?Having *not* completed his thesis, Glen couldn't graduate this spring.

(46) a. *Not* being paid enough, Helen decided to quit her job.

b. ?*Being *not* paid enough, Helen decided to quit her job.

(47) a. *Not* having been paid enough, Helen quit her job.

b. ?Having *not* been paid enough, Helen quit her job.

c. ??Having been *not* paid enough, Helen quit her job.

ただし規範的には not が文頭で正しいのですが，実際には (45b) (47b) は ほとんど問題なく，(47c) もあまり悪くはありません．Jacob Schnickel 氏 (私信，2024) によれば，上記で悪いのは (46b) だけでした．

最後に，主語付きの分詞構文を見ておきます．実は 7.3.1 節の (32b, c) (33b) に主語付きの慣用的な分詞構文が既出です．それらの例文を (48) に 示します．

(48) a. Weather permitting, we'll go on a hike next weekend.

b. All things considered, Irene was not offered the job.

主語付き分詞構文は「独立分詞構文」とも呼ばれます．主語が現れる理由は， ING 形や EN 形の主語と，主文の主語が別人/別物だからです．ただし， (48) のように慣用的でなければ，(49) ではかなり文語的になります．

(49) a. The sun having set, the farmers stopped working in their field.

b. The summer being over, very few tourists are left in this resort area.

実は意味なしの it や there でさえ (50) のように主語になる構文があるので すが，極端に文語的になります．(51) のように従属節にするのが自然です．

(50) a. It being terribly cold, we kept sitting around the stove.

b. There being nobody else, I volunteered to do the task.

(51) a. As it was terribly cold, we kept sitting around the stove.

b. Since/As there was nobody else, I volunteered to do the task.

本章では，ING 形と EN 形による名詞や文の修飾について述べてきまし た．これまでに私が教えてきた経験では，名詞に後ろから修飾する ING 形，

EN 形でつまづく学生が多く見られます．したがって，本章で私が最も力説したいのは 7.2 節です．よく読んで理解を深めてください．

練習問題

1. 選択肢から最も適切な語を選び，空欄を埋めなさい．

(1) Don't disturb the (　　) baby.

    (a)　asleep　　(b)　sleep　　(c)　sleeping　　(d)　slept

(2) My (　　) leg hurts terribly.

    (a)　injure　　(b)　injured　　(c)　injuring　　(d)　injury

(3) Be careful when you handle (　　) water.

    (a)　boil　　(b)　boiled　　(c)　boiling　　(d)　boils

(4) I don't like (　　) coffee.

    (a)　can　　(b)　caned　　(c)　canned　　(d)　canning

(5) (　　) in a sudden shower, I began running to my house.

    (a)　Catch　　(b)　Catching　　(c)　Caught　　(d)　To catch

(6) Tough questions (　　) successively, the suspect couldn't answer.

    (a)　ask　　　　　　　　(b)　asked

    (c)　asking　　　　　　(d)　to be asked

(7) All my homework (　　), I'm free to go out.

    (a)　did　　(b)　does　　(c)　doing　　(d)　done

(8) (　　) by her best friend, she couldn't believe anyone any more.

    (a)　Betray　　　　　　(b)　Betrayal

    (c)　Betrayed　　　　　(d)　Betraying

122

2. 和訳しなさい.

(a) He just held his tongue, not knowing what to say.

(b) Glancing at the clock, she thought her mother was too late to make it to the ceremony.

(c) The car went out of control, crashing into the wall of a convenience store.

(d) Having been given a private room of the hospital, she felt relieved.

(e) I had been embroidering for a long time, nestled into the luxurious sofa.

(f) Forty-nine days having passed, my father's spirit should have gone to heaven.

3. 英作文しなさい.

(a) 日本のどこかに私を待っている人がいます.［There で始めること］

(b) 緑の中を走り抜けていくあの赤い車は, ポルシェです.

(c) 明日私は, 東へと向かう列車で旅立ちます.

(d) 湖畔を歩いているその白い馬は, ピアノの旋律を象徴しているのです.[8]

(e) その 3 人は, 風にたなびいている何百枚もの黄色いハンカチを見た.

(f) 本屋に積み重ねられているそれらの本は, 今年のベストセラーです.

(g) 夜な夜な近所に現れるオバケを目撃した人はいますか.

(h) 森の中で迷子になった女の子は, まだ見つかっていません.

(i) これが, 世界の要人を泊めている当ホテルのスイートルームです.

(j) 南アフリカで発見された世界最大のダイアモンドは, 当時の英国王に献上されました.

---

[8] 東山魁夷『緑響く』の画伯本人による解説.

参考文献

安武内ひろし（2017）『法助動詞の底力』プレイス，東京.

秋元実治（1997）「'V＋NP＋P' イディオムの受動化」『英語語法文法研究』第4号，109-118.

安藤貞雄（2005）『現代英文法講義』開拓社，東京.

安藤貞雄（2008）『英語の文型——文型がわかれば，英語がわかる』開拓社，東京.

安藤貞雄（2021）『【新装版】基礎と完成——新英文法』開拓社，東京.

朝尾幸次郎（2019）『英語の歴史から考える英文法の「なぜ」』大修館書店，東京.

Battistella, Edwin (1987) "A Note on LF Verb Raising and Negation," *Linguistic Analysis* 17, 234-239.

Bever, Thomas G. (1970) "The Cognitive Basis for Linguistic Structures," *Cognition and the Development of Language*, ed. by John R. Hayes, 279-362, Wiley & Sons, New York.

Bolinger, Dwight (1975) "On the Passive in English," *The First LACUS Forum*, 57-80.

Bolinger, Dwight (1977) *Meaning and Form*, Longman, London. ［中右実（訳）（1981）『意味と形』こびあん書房，東京.］

Chiba, Shuji (1987) *Present Subjunctives in Present-Day English*, Shinozaki Shorin, Tokyo.

Chiba, Shuji (1994) "Tensed or Not Tensed: INFL in Present Subjunctives," *Synchronic and Diachronic Approaches to Language: A Festschrift for Toshio Nakao on the Occasion of His Sixtieth Birthday*, ed. by Shuji Chiba et al., 327-343, Liber Press, Tokyo.

千葉修司（1995）「補文標識 that の消去：That 消去の現象の記述を中心に」『津田塾大学紀要』25, 1-44.

千葉修司（2013）『英語の仮定法——仮定法現在を中心に』開拓社，東京.

Davies, Eirlys (1986) *The English Imperative*, Croom Helm, London.

Declerck, Renaat (1991) *A Comprehensive Descriptive Grammar of English*, Kaitakusha, Tokyo. ［安井稔（訳）（1994）『現代英文法総論』開拓社，東京.］

Firth, John R. (1968) *Selected Papers of J. R. Firth, 1952-1959*, ed. by F. R. Palmer, Longmans, Harlow.

林龍次郎（1991）「英語の受動態に関する制約」『聖心女子大学論叢』第78号，242-226 [3-19].

124

Hewson, John (1972) *Article and Noun in English*, Mouton, The Hague.

樋口昌幸 (2009)『英語の冠詞——その使い方の原理を探る』開拓社，東京.

保坂道雄 (2014)『文法化する英語』開拓社，東京.

細江逸記 (1973)『動詞叙法の研究』篠崎書林，東京．[1933 年初版，泰文堂.]

Huddleston, Rodney (1976) "Some Theoretical Issues in the Description of the English Verb," *Lingua* 40, 331-383.

Huddleston, Rodney (1984) *Introduction to the Grammar of English*, Cambridge University Press, Cambridge.

Huddleston, Rodney and Geoffrey K. Pullum (2002) *The Cambridge Grammar of the English Language*, Cambridge University Press, Cambridge.［畠山雄二（編集委員長）(2017-2021)「英文法大事典」シリーズ」（全 11 巻），開拓社，東京.]

池上恵子 (1994)「助動詞 Do 用法定着の断面」『助動詞 Do——起源・発達・機能』，中尾祐治・天野政千代（編），140-160，英潮社，東京.

井上ひさし (1981)『私家版日本語文法』新潮社，東京.

今井邦彦・中島平三 (1978)『文 II』（現代の英文法第 5 巻），研究社，東京.

Jespersen, Otto (1933) *Essentials of English Grammar*, Allen and Unwin, London.［中村捷（訳述）(2024)『エッセンシャル英文法』開拓社，東京.]

Joos, Martin (1964) *The English Verb: Form and Meanings*, University of Wisconsin Press, Madison.

柏野健次 (2002)『英語助動詞の語法』研究社，東京.

柏野健次 (2012)『英語語法詳解——英語語法学の確立へ向けて』三省堂，東京.

勝見務 (2001)『英語教師のための英文法再整理——7 文型のすすめ』研究社，東京.

萱原雅弘・佐々木一隆，伊藤健三・廣瀬和清（監修）(1999)『大学生のための現代英文法』，開拓社，東京.

Kim, Jong-Bok and Peter Sells (2008) *English Syntax: An Introduction*, CSLI Publications, Stanford.

吉良文孝 (2018)『ことばを彩る 1——テンス・アスペクト』研究社，東京.

小林亜希子・吉田智行 (2018)『破格の構造』（ネイティブ英文法第 2 巻），朝倉書店，東京.

久野暲・高見健一 (2004)『謎解きの英文法——冠詞と名詞』くろしお出版，東京.

久野暲・高見健一 (2009)『謎解きの英文法——単数か複数か』くろしお出版，東京.

久野暲・高見健一 (2013)『謎解きの英文法——時の表現』くろしお出版，東京.

久野暲・高見健一 (2022)『謎解きの英文法——助動詞』くろしお出版，東京.

Larson, Richard K. (1988) "On the Double Object Construction," *Linguistic Inquiry* 19(3), 335-391.

Leech, Geoffrey (1969) *Towards a Semantic Description of English*, Longman, London.

Leech, Geoffrey (1987) *Meaning and the English Verb,* 2nd ed., Longman, London.

Leech, Geoffrey (2004) *Meaning and the English Verb,* 3rd ed., Longman, London.

牧秀樹（監修）(2020)，お茶の水ゼミナール英語科（著）『時制・相』（英語 mono-grammar シリーズ第 5 巻），開拓社，東京.

松瀬憲司 (2014)「定形か非定形か：英語の命令『文』について」『熊本大学教育学部紀要』第 63 号，73-79.

女鹿喜治 (2019)「Were to が前提節に現れる条件文の特徴とその帰結節が直説法現在となる場合」『学問的知見を英語教育に活かす——理論と実践』，野村忠央・女鹿喜治・鴇﨑敏彦・川﨑修一・奥井裕（編），212-228，金星堂，東京.

向井京子 (2005)『仮定法で英語は話せる』NOVA Books，東京.

村上まどか (1991)「助動詞 NEED と本動詞 NEED TO の分布と意味」『言語・文化研究』第 9 号，1-7，東京外国語大学.

Murakami, Madoka (1992) "From INFL Features to V Movement: The Subjunctive in English," Master's thesis, University of Hawai'i at Mānoa.

Murakami, Madoka (1995) "The History of Verb Movement in English,"『近代英語研究』No. 11, 17-45.

Murakami, Madoka (2000) "*That*-less Subjunctives in Earlier English,"『近代英語研究』No. 16, 85-97.

Murakami, Madoka (2007) "An Analysis and History of Sentential *Not*,"『近代英語研究』No. 23, 99-128.

Murakami, Madoka (2011a) "Verb Movement: The Contrast in Germanic Languages,"『実践女子大学文学部紀要』第 53 号，1-20.

Murakami, Madoka (2011b) "Verb Movement: The Contrast between English and Polish," *Poznań Studies in Contemporary Linguistics* 47(3), 569-601.

Murakami, Madoka (2013) "Verb Movement: The Contrast between English and Italian," *Studies in Linguistics* 4, 117-143, University of Siena.

村上まどか (2019)「[書評] 千葉修司 (2013)『英語の仮定法——仮定法現在を中心に』」『近代英語研究』No. 35, 157-166.

村上まどか (2020)「62 助動詞の NICE 特性」「64 仮定法原形」『今さら聞けない英語学・英語教育学・英米文学』，渋谷和郎・野村忠央・女鹿喜治・土居峻（編），124-125, 128-129，DTP 出版，東京.

村上まどか (2021)「仮定法倒置の起源は何か」『実践英文学』第 73 号，93-108.

Muraoka, Soichiro (2023) *A Synchronic and Diachronic Study on the Infinitival Selection in the Complement of the Causative and Perception Verbs of the English Language*, Doctoral dissertation, Nihon University.

中島平三 (2006)『スタンダード英文法』大修館書店，東京.

中島平三 (2017)『斜めからの学校英文法』開拓社，東京.

中島平三 (2022)「英語教育の "グッド・アンセスター" であるために」関東甲信越英語教育学会特別講演会（2022 年 10 月 15 日オンライン開催）.

中野弘三（1994）「助動詞 DO の発達：命題内的表現から命題的表現へ」『助動詞 Do ——起源・発達・機能』，中尾祐治・天野政千代（編），302-322，英潮社，東京．

中野清治（2014）『英語の法助動詞』開拓社，東京．

中村不二夫（1994）「否定命令文における助動詞 Do の発達：17 世紀書簡からの検証」『助動詞 Do——起源・発達・機能』，中尾祐治・天野政千代（編），195-211，英潮社，東京．

西田透（2003）『英語は仮定法だ』開拓社，東京．

野田尚史（1996）『「は」と「が」』（新日本語文法選書 1），くろしお出版 , 東京．

Nomura, Tadao (2006) *ModalP and Subjunctive Present*, Hituzi Syobo, Tokyo.

野村忠央（2012）「法助動詞単義分析再考——根源的用法と認識的用法」『日本英語英文学』No. 22, 35-54.

野村忠央（2019）「混乱の多い英語学の専門用語，知っておくべき英語学の専門用語(2)」『学問的知見を英語教育に活かす——理論と実践』，野村忠央・女鹿喜治・鴇崎敏彦・川崎修一・奥井裕（編），163-183，金星堂，東京．

野村忠央（2020）「52 定形性」『今さら聞けない英語学・英語教育学・英米文学』，渋谷和郎・野村忠央・女鹿喜治・土居峻（編），104-105，DTP 出版，東京．

野村忠央（2021）「文型論における O′ と C′ の扱いをめぐって」『多次元のトピカ——英米の言語と文化』，植月恵一郎・奥井裕・野村忠央他（編），499-516，金星堂，東京．

野村忠央（2023a）「11 仮定法，祈願法と命令法」『言語理論・言語獲得理論から見たキータームと名著解題』，遊佐典昭・小泉政利・野村忠央・増冨和浩（編），22-23，開拓社，東京．

野村忠央（2023b）「繰出分析と仮定法倒置条件節の統語論」『ことばの謎に挑む——高見健一教授に捧げる論文集』，平田一郎・行田勇・保坂道雄・江連和章（編），160-171，開拓社，東京．

O'Grady, William and John Archibald (2021) *Contemporary Linguistic Analysis: An Introduction*, 9th ed., Pearson Canada Inc., Ontario.

大庭幸男（2011）『英語構文を探求する』開拓社，東京．

大西泰斗（2006）『ハートで感じる英文法——グッバイ丸暗記』（3 か月トピック英会話 DVD 第 2 巻），NHK 出版，東京．

大西泰斗（2019）「心に分け入る〜仮定法」『ラジオ英会話』2019 年 2 月号，10-57.

大西泰斗・ポール＝マクベイ（2018）『ハートで感じる英文法　決定版』NHK 出版，東京．

大野晋（1999）『日本語練習帳』岩波書店，東京．

Ota, Akira (1972) "Modals and Some Semi-Auxiliaries in English," *The ELEC Publications* 9, 42-68.

Palmer, Frank R. (1965) *A Linguistic Study of the English Verb*, Longman, London. ［安藤貞雄（訳注）（1972）『英語動詞の言語学的研究』大修館書店，東京．］

Palmer, Frank R. (1974) *The English Verb*, Longman, London.

Palmer, Frank R. (1988) *The English Verb*, 2nd ed., Longman, London.

Papafragou, Anna (2000) *Modality: Issues in Semantics-Pragmatics Interface*, Elsevier, Amsterdam.

Perkins, Michael R. (1983) *Modal Expressions in English*, Frances Pinter, London.

Peters, John W. (1983) *Our Language: Its Origin, Its Genius*, Urbana College Press, Ohio.

Peters, John W. (1987) "In Defence of the Subjunctive," *English Today* 12, 31-32.

Potsdam, Eric (1998) *Syntactic Issues in the English Imperative*, Routledge, London and New York.

Potsdam, Eric (2007) "Analyzing Word Order in the English Imperative," *Imperative Clauses in Generative Grammar*, ed. by Wim van der Wurff, 251-271, John Benjamins, Amsterdam.

Quirk, Randolph, Sidney Greenbaum, Geoffrey Leech and Jan Svartvik (1985) *A Comprehensive Grammar of the English Language*, Longman, London.

関正生 (2020)『キモチを伝える仮定法』アルク, 東京.

関田誠 (2021)「『動詞＋名詞 ing』の解釈：主述か修飾か」『日本英語英文学』31 号, 223-248.

瀬田幸人 (1997)『ファンダメンタル英文法』ひつじ書房, 東京.

島野恭平 (2020)「32 英語の状態動詞は本当に進行形をとることができないのか」『今さら聞けない英語学・英語教育学・英米文学』, 渋谷和郎・野村忠央・女鹿喜治・土居峻 (編), 64-65, DTP 出版, 東京.

正保富三 (1996)『英語の冠詞がわかる本』研究社, 東京.

宗宮喜代子・糸川健・野元裕樹 (2018)『動詞の「時制」がよくわかる英文法談義』大修館書店, 東京.

Stowell, Timothy (1981) *Origins of Phrase Structure*, Doctoral dissertation, MIT.

高橋英光 (2017)『英語の命令文──神話と現実』くろしお出版, 東京.

高見健一 (2003)「二重目的語構文 (2)──構文の意味と動詞」(研究と現場を結ぶ英文法入門⑧),『英語教育』2003 年 11 月号, 61-63.

多岐川恵理 (2000)『仮定法を使った「いきいき」英会話』明日香出版社, 東京.

滝沢直宏 (2020)「周辺的接続詞 lest について：語彙文法的視点からの記述」『立命館言語文化研究』32 巻 2 号, 13-27.

滝沢直宏 (2023)「現代英語における -ly 副詞の語法文法」第 9 回 IRI 言語・文化研究フォーラム記念講演ハンドアウト (2023 年 2 月 15 日関西外国語大学).

田中江扶・本田謙介・畠山雄二 (2018)『時制と相』(ネイティブ英文法 1), 朝倉書店, 東京.

セイン, デイビッド・古正佳緒里 (2014)『ネイティブが教えるほんとうの英語の助動詞の使い方』研究社, 東京.

Traugott, Elizabeth Closs (1972) *A History of English Syntax—A Transformational Approach to the History of English Sentence Structure*, Holt, Rinehart & Winston, New York.

Ukaji, Masatomo (1978) *Imperative Sentences in Early Modern English*, Kaitakusha, Tokyo.

Visser, Frederik Th. (1966) *An Historical Syntax of the English Language*, Part II, E. J. Brill, London.

渡辺登士 (1989)『英語の語法研究・十章——実例に基づく英語語法の実証的観察』大修館書店, 東京.

綿貫陽 (編著), 宮川幸久・須貝猛敏・高松尚弘 (著), マーク・ピーターセン (校閲) (2000)『ロイヤル英文法——徹底例解』改訂新版, 旺文社, 東京.

八木克正 (2007)「[書評] 安藤貞雄『現代英文法講義』」『英語語法文法研究』第 14 号, 145-165.

山岡洋 (2010)「英語における『補語』の段階性——学校文法における補語の扱いについて」『言語教育研究』創刊号, 79-90, 桜美林大学大学院.

安井稔 (2008)『英語学の見える風景』開拓社, 東京.

安井稔・安井泉 (2022)『英文法総覧』大改訂新版, 開拓社, 東京.

Yule, George (1998) *Explaining English Grammar*, Oxford University Press, Oxford.

練習問題 解答・解説

第1章　品　詞

1. (1)　5頁の「表2：人称代名詞の形態」を写してくると，次になります．

	主格	所有格	目的格	独立所有格	再帰代名詞
1人称単数	I	my	me	mine	myself
2人称単数	you	your	you	yours	yourself
3人称単数/男	he	his	him	his	himself
3人称単数/女	she	her	her	hers	herself
3人称単数/物	it	its	it	(its)	itself
1人称複数	we	our	us	ours	ourselves
2人称複数	you	your	you	yours	yourselves
3人称複数	they	their	them	theirs	themselves

(2)　「syncretism 言語学」をキーワードにしてネット検索するとウィキペディアに「語形融合とは，1つのパラダイムの中に，複数の同音の語形が体系的に存在することである」と載っています．パラダイム (paradigm) とは上のような語形変化表のことであり，例えば，3人称単数/男の所有格 his と独立所有格 his が同じです．3人称単数/物の主格 it と目的格 it も同じです．5頁で脚注4の留保も付けましたが，3人称単数/物の所有格と独立所有格も同じ its です．3人称単数/女では所有格 her と目的格 her が同じです．2人称では再帰代名詞を除いてすべての格が単複同形です．

『最新英語学・言語学用語辞典』(中野弘三他監修，開拓社，2015年) には，syncretism(融合) とは「本来は異なる形態または音が統合して，1つの形になる現象をいう．古英語では名詞に主格・対格・属格・与格[1]の4つの格があったが，現代英語では属格以外は区別がなく，通格に融合している．人称代名詞の3人称においては与格と対格が中英語期には同一の形に融合した」とあります．

---

[1]　対格と与格は2種類の目的格のことです．属格は所有格のこと，普通名詞では 's です．

130

2. 7頁の (7) を見てください.

3. 以下では，定形動詞を○ではなく□で囲んでみました.

Ellen |is| one of my best friends. She |has| been in the hospital for a few days. Unfortunately, she |broke| her leg in a car accident last week. I |am| now helping her keep up with school, by bringing my notes from the classes she |did|n't attend, telling her what|'s| happening in school, and the like. This incident |may| reinforce our friendship. Her doctor |says| she |will| get well soon, and I |hope| that|'s| true. I |can|'t wait for her to get out of the hospital.

短縮形の didn't と can't は全体を囲んでもかまいません．なお what's と that's の 's に要注意，この部分は元 is ですから時制のある定形動詞です.

4.

(1) 語の品詞を決定する基準は，一に分布，二に語形変化．本書では否定的に記しましたが，3 番目に意味を挙げる研究者もいます.

(2) (a) quietly

-ly が付いているので副詞と見当が付きます．動詞句を修飾する場合，分布は比較的自由ですが，最初の文が最も自然です.

In the pandemic years, schoolchildren ate lunch quietly in school.

In the pandemic years, schoolchildren ate lunch in school quietly.

In the pandemic years, quietly schoolchildren ate lunch in school.

In the pandemic years, schoolchildren quietly ate lunch in school.

なお，辞書を引くと He is quietly confident.（内心自信がある）という例文がありました．この quietly は直後の形容詞 confident を修飾しています.

形容詞 quiet は 2 音節でも quieter, quietest と活用しますが，さすがに 3 音節の**副詞** quietly は more quietly, most quietly という比較級，最上級です.

(b) behind

語形変化はしません．分布は名詞句の前：

My cat is moving behind the curtain.

Our project is behind schedule.

ということは**前置詞**ですが，目的語名詞を取らない場合もあります.

Look behind.

They left me behind.　I was left behind.

名詞句の前に置かれず, 単独で用いられる前置詞 (のような語) は**副詞**と分析されます.

(c)　comb

Rapunzel is combing her long hair.

このように進行相で ING 形をとれば, 分布上も語形変化上も**動詞**です. 他の語形変化は 3 単現が combs, 3 変化が comb—combed—combed です.

外来語でコームと言うこともありますが, 所有格や冠詞の直後に来たり, 名詞句全体が主語や目的語になれば, それは**名詞**です.

Rapunzel's comb glitters.

I found the comb on her chest.

語形変化は one comb, two combs, three combs, … のように単複があります.

(d)　dry

名詞の前で修飾するか, 補語としてその名詞の特質を述べる**形容詞**です.

This wine is dry.

I like this dry white wine.

比較級, 最上級は drier, driest.　しかし主語と目的語を取る**動詞**としても使われれます.

Rapunzel dried her long hair.

3 単現が dries, 3 変化が dry—dried—dried, ING 形は drying.　ヘアドライヤーのドライヤーは比較級と違って y を i に替えない dryer です.

第 2 章　文

1.　例えば 19 頁に掲げたミツバチの物語を見てください.

2.

(a)　This room needs cleaning.
　　　　　S　　　V　　　　O

　⇒　この部屋は掃除が必要だ. (掃除が喫緊の汚部屋)

(a')　This room needs to be cleaned.　⇒　この部屋は掃除される必要がある.
　　　　　S　　　V　　　　O (名詞用法の to 不定詞が目的語)

(b)　I fix myself supper every day. ⇒　私は毎日夕飯を自分にこしらえる.
　　　S V　　O　　　　O

132

(b′) I fix supper myself every day. ⇒ 私は毎日自分で夕飯をこしらえる.
   S V   O （再帰代名詞は副詞的に用いられている）

(c) Her hobby is playing the violin.
        S   V   C （動名詞が補語）
   ⇒ 彼女の趣味はバイオリンを弾くことです.

(c′) She is playing the violin. ⇒ 彼女はバイオリンを弾いています.
    S   V   O

(d) They remained seated when the earthquake occurred.
     S   V   C   S   V
   ⇒ 地震が起きた時, 彼らは席に座ったままでいた.

(e) They wanted to go home as soon as possible.
     S   V   O
   ⇒ 彼らはなるべく早く家に帰りたがった.

(f) Santa Claus gives gifts to children while they are sound asleep on
     S   V   O   S   V   C
   Christmas Eve.
   ⇒ サンタクロースはクリスマスイブの夜, 子どもたちがぐっすり寝て
   いる間にプレゼントをくれる.

(f′) Santa Claus gives children gifts while they are sound asleep on
      S   V   O   O   S   V   C
   Christmas Eve.
   ⇒ 和訳は (f) と同じ

(g) We saw those burglars breaking into the jewelry shop.
     S V   O   C （下線部は補語）
   ⇒ 私たちは彼ら強盗がその宝石店に押し入るところを見た.
   We saw those burglars breaking into the jewelry shop.
     S V   O （下線部は O を修飾する ING 形）
   ⇒ 私たちはその宝石店に押し入る彼ら強盗を見た.

(g′) We saw them breaking into the jewelry shop.
      S V O   C （下線部は補語）
   ⇒ 私たちは彼らがその宝石店に押し入るところを見た.

3.

(a) 格言的には Man is mortal.［第 2 文型］と言います. 性差別解消のため man で人間全体を表すのを避けるならば Humans are mortal. としますが, 惜しむらくは頭韻 (alliteration) がなくなってしまいます.［第 1 文型］ならば, All people die. / People all pass away. など.

(b) In summer, cold beer is great / tasty.［第 2 文型］
Cold beer tastes great / delicious in summer.［第 2 文型］

(c) I'm recently getting chubby / fatty.［第 2 文型］
I've been gaining weight recently.［第 3 文型］

(d) My daughter is afraid of insects.［第 2 文型］（［第 8 文型］と見なしてもよい）
My daughter fears insects.［第 3 文型］

(e) Can / Could you pass the soy sauce?［第 3 文型］
Can / Could you pass me the soy sauce?［第 4 文型］

(f) Her colleagues sent a flower basket to her.［第 3 文型］（［第 7 文型］と見なしてもよい）
Her colleagues sent her a flower basket.［第 4 文型］

(g) I can hear the sound of rain.［第 3 文型］
I can hear it raining.［第 5 文型］（It is raining. の主語が目的語となる）

(h) At Charles's party, I found Czech beer too bitter.［第 5 文型］
第 1 章のおさらいですが, s で終わる固有名詞の所有格には -'s を付け, 発音は /ɪz/ となります.

(i) She is at Hino campus now.［第 6 文型］
「彼女は今, 学内にいます」なら She's *on* campus now. だけれど, 複数あるうちどのキャンパスかを言うなら at がいいそうです.（Jacob Schnickel 氏, 私信, 2024）

(j) She placed the *bonsai* pot on the balcony / veranda.［第 7 文型］

(k) Today's young people don't like watching TV very much.［第 3 文型］
Recently, young people are not very fond of watching television.［第 8 文型］

第3章　相

1.

(a) うちの犬が入ってきて起こされるまで，私は寝ていました．［継続］

(b) 電車の中で彼のメッセージを読んだ：「今駅に着いたよ」［結果］

(c) そのカップルは，私が最後に会った時にはまだ別れていませんでした．［結果］

(d) この学術論文を何度も読みましたが［経験］，未だに理解できません．

(e) 私は楽園に行ったことはあるが［経験］，自分にたどり着いたことはない．［経験］

2.

(a) Have you ever seen him? は「見たことがある」意味で，有名人を遠くから見かけるだけにも使えますが，meet は紹介を受けたりして，会って話すことまで含みます．

(b)

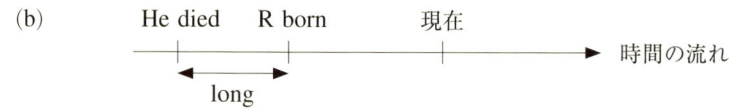

(c) 通常「はとこ」と訳される second cousin は，次のページの図のように自分の祖父母の兄弟姉妹の孫のこと（つまり親同士がいとこの関係）です．日本語の「はとこ」はこの意味しか持たず，M はそのように解釈して「同世代では？」と発言したわけです．ところが英語では second cousin の子を second cousin once removed，孫を second cousin twice removed のように指示し，口語では once removed, twice removed が省略されますから，下の世代に second cousins がどんどん増えていくことになります．さらに *Oxford English Dictionary* (*OED*, online 版) で確認すると，'more loosely' に「いとこの子」も second cousin と呼ぶことがありますから（正確には first cousin once removed），やはり同世代とは限らないのです．

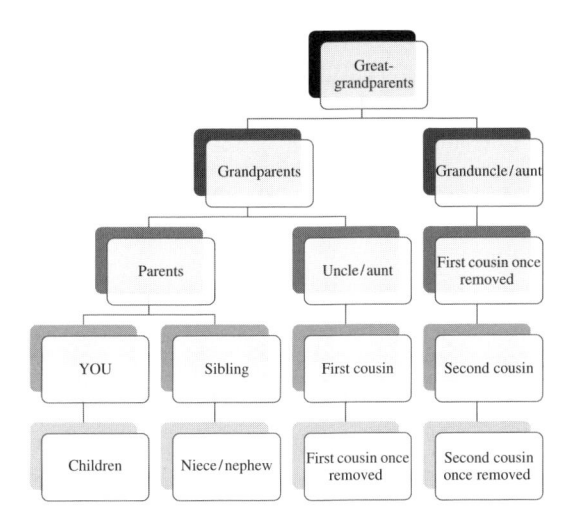

3.

(a) I was dating with my current boyfriend when I bumped into my ex.

(b) As she has invited a few friends to her house, she is busily cooking now.

　　Having invited several friends to her home, she is hurrying to make the meal now.

(c) I am the greatest artist that America has ever seen.

(d) She has been watching the seagulls flying around with her eyes full of tears.

　　With tears in her eyes, she was watching the seagulls flying around.

(e) When I arrived at the hospital, my grandmother had

　　$\left\{\begin{array}{l} \text{already passed away.} \\ \text{taken / drawn her last breath.} \end{array}\right.$

第4章　態

1.

(a) In winter, Mt. Fuji is covered （ with ） snow.

(b) Nobita is often absorbed （ in ） playing cat's cradle.

(c) I'm obsessed （ with ） my own funny ideas about syntax.

(d) My grandmother was very sad (at / about) the loss of her pet dog.

(d′) My grandmother was much saddened (by) the loss of her pet dog.

(e) People sometimes get involved (in) trouble through no fault of their own.

(f) The cherry blossom is known (to) everybody (by / for) its beauty.

2.

(a) The safe was found empty.

(b) The main point was made clear to all students by the teacher.

(c) The baseball game was put off due to heavy rain.

(d) A pickpocket was seen to take a tourist's wallet.

(d′) A pickpocket was seen taking a tourist's wallet.

(e) The diamond ring was given to the daughter by her old mother.
The daughter was given the diamond ring by her old mother.
先に出てきた人を her で受ける. 先に出てこなければ the として書き換える. to のある文は, The old mother gave her diamond ring to her daughter. の受動態でもあります.

(f) Careful attention is always paid to words and usage by the writer.
Words and usage are always paid careful attention to by the writer.

ただし英語は日本語ほど受動態を好まない言語であり, (f) は元の能動態の文の方がずっと自然です.

3.

(a) I've never loved anyone, or I've never been loved by anybody.

(b) Ordinary people choose music themselves, but the blind pianist was chosen by music.

(c) Just kick back what's / what has been kicked off toward / at you.

(d) Who was Sagrada Familia designed by?

(e) The junior high student was forced / made to go to cram school every day by his / her parents.

(f) Several students at this university are given the President's Award every year.
A few students are annually endowed with the President's Award in this university.

(f′)　The President's Scholarship is annually awarded to a few / several students in this university.

(g)　I thought my baggage [米] / luggage [英] had been put on the airplane, but it was left alone / unattended by mistake.

第 5 章　助動詞

1.

		法	do	be
(a)	3 単現の -s が付く	(　　)	(✓)	(✓)
(b)	ING 形になる	(　　)	(　　)	(✓)
(c)	to 不定詞になる	(　　)	(　　)	(✓)
(d)	倒置で主語の前に出る	(✓)	(✓)	(✓)
(e)	強勢を受けることがある	(✓)	(✓)	(✓)
(f)	付加疑問文になる	(✓)	(✓)	(✓)

(a) be 動詞では, is にも 3 単現の -s が付いていると言い張ることにしましょう. (b) の do の欄に✓を入れたくなるかもしれません, 確かに doing がありますから. でもこれは本動詞の ING 形であり, 助動詞 do が ING 形になることはありません.

2.

(1)　(a)　Let's take a stroll, (shall) we?

(b)　This door (will) not open.

(c)　(Do / Would) you mind giving us a ride?

(d)　The family (used) to live in Sydney, but not now.

(e)　(Will) you be coming to the party?

(f)　This is my special apple pie. You (must) try it.

(g)　It's odd that she (should / would) walk out on her boyfriend.

(2)　(a)　(Can / May) students call / ring up [英] / (tele)phone the secretary of the department?

(b)　No, they (can / may) not. That's against the rules.

(c)　They (have / ought) to email her.

(d)　What (should) they do if the secretary doesn't answer?

(e)　They (can) just drop by her office.

(2) (b) で can を選ぶと, くっついて cannot か, 縮約形 can't になります.

3. 自由英作文につき，以下はそれぞれ一例です．

(a) She can speak English fluently.

(b) The rumor cannot be true.

(c) May I ask you a favor?

(d) She may be helpful.

(e) Life must go on. (災害の後によく言われる)

(f) That fur must be fake.

4.

(a) He must have overlooked the miscalculation.

(b) I may / might have gone out (home) without locking the gate.

(c) Father should have crossed the Sanzu River after the seventh day of his passing.
Seven days having passed after his death, Father would have crossed the Sanzu River.

(d) The situation could have been worse / more disastrous, but the worst was avoided.

第6章　法

1.

(a) (Don't / Never) walk while texting.

(b) If I (were) in your position, I would not accept the offer.

(c) If it (should) rain tomorrow, the game would be cancelled.

(d) She couldn't (have) survived if the doctor (had) overlooked her subtle symptom.

(e) Thank you for double-checking the contract. (Otherwise), we would have lost the big deal.

(f) I carefully chose my words (lest) I offend my teacher.

［和訳］

(a) 入力しながら歩いてはいけません．(スマホ歩きは止めよう.)

(b) もし私があなたの立場だったら，その申し出を受け入れないでしょう．

(c) 万が一明日雨が降ったら，試合は中止されるでしょう．

(d) もし医者が彼女の微妙な兆候を見逃していたら，彼女は助からなかった

でしょう.

(e) 契約の再確認をしてくれてありがとう. そうでなければ, 私たちは大きな取引を失うところでした.

(f) 私は先生の気を悪くさせないように, 注意深く言葉を選びました.

2.

Naomi (is) a university student like I (am). She had (been) living in Los Angeles in her high school days, so she speaks English fluently. I wish I (were) like her. She says, however, when she (was) in LA, she couldn't make herself understood very well. But her motto is "Don't worry. (Be) happy !"

3.

(a) It is important that we not be too afraid of death.

(b) The librarian recommended that all the students read (Abraham) Lincoln's biography.

(c) The professor requested that his/her assistant make copies immediately/at once.

(d) She asked that her boyfriend be (much) kinder to her/*me.

(e) He ignored/neglected my advice that he not go there alone.

(f) Momoe demanded that the man choose either that woman or her/*me/*herself.

4.

(a) 先生は, その生徒がちゃんと学校に行くようにと主張している.

(b) 母親は, うちの息子はちゃんと学校に行ってますよと主張している.

先生は生徒が登校していないという認識, 生徒の母親は登校しているという認識の違いがあります.

5.

(a) If I won one million yen in the lottery, I could pay the next tuition bill myself.

(b) This company would go bankrupt if the president remained/stayed in his position.

140

(c) If my parents were alive, they might be surprised to see what I've become now.

(d) I wish I could be reborn as your mother and protect you.

(e) If I could play the piano, I would/could convey my love for you with my performance.

(f) If I hadn't overslept this morning, I could have caught/taken that bus.

(g) If I hadn't gone out that day, I wouldn't have met with that disaster/misfortune.

(h) Without
     But for   monogamy, people would be free, but society
     If it were not for would be chaotic.
     Were it not for

(i) If the Emperor Emeritus hadn't retired at his own will, the Heisei era would have continued longer.
     If the Emperor hadn't abdicated of his own accord, the Heisei period would have lasted longer.

(j) Kuroyanagi Tetsuko asked Ohtani Shohei, "If you as a pitcher were to throw at you as a batter/hitter, which do you think would win?"
     Kuroyanagi asked Ohtani which one he thought would defeat the other if he were to pitch at himself.

脚注 10 の「あれ」とは were to のことでした. なお, 元の質問にとらわれない Jacob Schnickel 氏 (私信, 2024) の英訳では "If you as a batter faced yourself as a pitcher, what would happen?"

第7章　ING 形と EN 形による修飾

1.
  (1) (c)   (2) (b)   (3) (c)   (4) (c)   (5) (c)
  (6) (b)   (7) (d)   (8) (c)

2.
  (a) 何と言っていいのかわからずに, 彼はただ黙っていた.
  (b) 時計を一瞥し, 彼女はもう母親は式典に間に合わないと思った.
  (c) その車は暴走し, コンビニの壁に激突した.

(d) 病院で個室をあてがわれ，彼女は安堵した．

(e) 豪華なソファに心地よく収まって，私は長い間刺繍をしていた．

(f) 四十九日が過ぎたので，父の魂は天国に行ったであろう．

3.

(a) There is someone waiting for me somewhere in Japan.

(b) That red car speeding/running through in the greenery is a Porsche.

(c) Tomorrow I'll depart/leave on a train heading east.

(d) The white horse walking/trotting on the lakeshore symbolizes the melody of the piano.

(e) The three people saw hundreds of yellow handkerchiefs fluttering in the wind.

(f) Those books piled up in the bookstore are bestsellers of the year.

(g) Is there anybody who witnessed the ghost appearing in the neighborhood every night?

Has anyone witnessed the ghost that appears in the neighborhood every night?

(h) The girl lost in the woods has not been found yet.

(i) This is our hotel suite accommodating VIPs of the world.

Here is the hotel suite where our international VIPs stay.

(j) The world's largest diamond discovered in South Africa was dedicated to the then King of England.

英作文の題材としてはフェイクでもよいのですが，1905 年に発見されたカリナンというそれは，エドワード 7 世に献呈されたということです．

あとがき

　50歳をいくつ過ぎても健康診断はＡのオンパレードで，平均寿命など楽々と超えるだろうと思っていました．2022年度4月もその意気込みで，日本大学上席客員研究員として同大学院英文学専攻の授業に参加しながら研修休暇を満喫し始め，そのまま充実した一年間を送る予定でおりました．

　腹部膨満感によって食欲が落ちても痩せてラッキーとのん気にしていた同年初夏，諸々の検査の結果，癌だの手術だの5年生存率だの不穏な言葉が周囲を飛び交うようになり，物事に優先順位をつけなければならなくなったと思いました．元より読むのも書くのも人一倍遅い上，病院通いに時間を割かれ，体力も消耗してはかどらないとなれば，最優先にしたのは本書を完成させる道でした．かねてから，実践女子大学英文学科での担当科目「英文法論」のテキストを自分で書いて，それを使って教えたいと思っていたのです．

　夏休みから引きこもり，根治手術のための入院を除いて集中したつもりでしたが，本当に少しずつの執筆でした．後期は日大の授業に出るのも断念し，通院と執筆と家事だけに明け暮れていましたが，すぐ息切れがして疲れやすく，なかなか進みませんでした．翌年を迎え研修期間を終え，病はめでたく寛解を得て2023年4月に実践女子大に復帰しても，（査読者のツッコミが厳しかったこともあり，）まだ書き終わらないでおりました．そしてようやく全7章を一通り仕上げたのが，同年初秋のことでした．

　しかし喜びも束の間，その頃には再発に見舞われ，再び入院・手術をする羽目になりました．そして今も治療は続いていますから，この2年間はまさに闘病しながら執筆し，執筆しながら闘病したという感があります．とはいえ，よく言われる抗がん剤治療の辛さについては，人に比べたら私はかなり楽な症状のようで，ゆっくりならば原稿を眺めて推敲したりもできました．

　全編を通じて書きたいことを書き，遊び心の例文や英作文も散りばめ，あまり書きたくないことは見送りにして，気ままに執筆いたしました．ささや

かな本ではありますが，初めての単著を上梓することができて，心から満足しております．動詞を中心とした英文法の本なのに，「時制」の章を設けないのは後ろ髪を引かれる思いでしたが，後ろ髪が抗がん剤の副作用で抜け落ちると同時に忘れることにしました．（今はまた生えております．）

　長々と私事ばかり先に述べてしまいましたが，以下に謹んで謝辞を記させていただきます．陰ひなたにお世話になった方々は多数おられますが，貢献度が高かったのはやはり実際に拙稿を読んでくださった方々です．日大に私をお招きくださった英語史の保坂道雄教授，及び本書に登場する回数最多を誇る文教大・野村忠央教授には，私自身で依頼した査読者として微に入り細を穿つご意見を賜り，有意義な議論を重ねさせていただきました．私の代講も務めてくださった野村美由紀さん（実践女子大非常勤講師）もしばしば加わって，玄人談義に花を咲かせました．厚く御礼申し上げます．

　匿名査読者2名のうち1名は，匿名といえども鋭いコメントから顔が浮かんできたので，心で拝みながら手直しいたしました．往年の弟子でもある杉本ゆかさん（実践女子大非常勤講師）には，草稿からゲラに至るまで何度も目を通していただきました．その上，135頁のcousin chartは彼女の作図です．同僚のJacob Schnickel教授には，英文に集中して校閲をいただき，ほとんど自作だった例文と英作文の解答にネイティブチェック以上の貢献となる，貴重な助言をいただきました．誠にありがとうございました．

　学恩を受けた先生方には，鬼籍に入られた方も増え，同時代を生きてくださっているだけでも感謝の念があふれてきます．ハワイ大学教授・William O'Grady先生，外語大時代の馬場彰先生（現名誉教授），及び髙橋潔先生（現慶応義塾大学名誉教授）は，英語学研究に駆け出した私を大きく育ててくださいました．津田塾大の千葉修司先生（現名誉教授）からは，ハワイ留学以降，仮定法研究において計り知れないご指導と影響を賜りました．

　また，本書の出版を英語学関連書籍で名高い開拓社にお引き受けいただき，大ベテランの川田賢さんに編集していただけたのは，望外の喜びでした．川田さんには激励とともに，細部にわたるご指示を賜りありがとうございました．

　なお，本書は実践女子学園から助成金を受け，「実践女子学園学術・教育研究叢書 34」として出版されました．医療費はかさむわ，給料は差っ引かれるわという中で，大変ありがたい厚遇でした．

　新学期から早速，大学院時代の研究仲間だった小川貴宏さん（現成蹊大学教授）が本書を使って授業してくださいます．感謝とともに，よろしくお願いいたします．

　最後に，家族たちへ——心配かけてごめんなさい，そしていつも応援ありがとう．私は，完治して生き延びます！

2024 年 9 月吉日

村上まどか

【著者紹介】

村上 まどか（むらかみ　まどか）

東京外国語大学外国語学部英米語学科卒業，同大学院外国語学研究科ゲルマン系言語専攻修了（文学修士）．1990-92 年ハワイ大学マノア校留学，同大学院言語学科修士課程修了（Master of Arts）．2012 年より実践女子大学文学部英文学科教授．近著：『今さら聞けない英語学・英語教育学・英米文学』（渋谷和郎・野村忠央・女鹿喜治・土居峻（編），DTP 出版，2020 年）項目執筆「イェスペルセン否定循環」「仮定法原形」「助動詞の NICE 特性」「動詞移動」「否定句 NegP」．

実践女子学園学術・教育研究叢書 34

VP は VIP
―動詞を中心とした英文法―

著　者	村上まどか
発行者	武 村 哲 司
印刷所	日之出印刷株式会社

2024 年 9 月 24 日　第 1 版第 1 刷発行©

発行所　株式会社　開 拓 社

〒 112-0003　東京都文京区春日 2-13-1
電話　（03）6801-5651（代表）
振替　00160-8-39587
https://www.kaitakusha.co.jp

ISBN978-4-7589-2315-6　C3082